素人手記

淫乱開花した素人女性の性癖願望

～真面目な顔して、はしたない痴態を晒しちゃった！

愛の体験編集部 編

竹書房文庫

第一章

淫らに種付けされたい女たち

第二章

淫らに凌辱されたい女たち

第三章

淫らに溺愛されたい女たち

第四章

淫らに誘惑されたい女たち

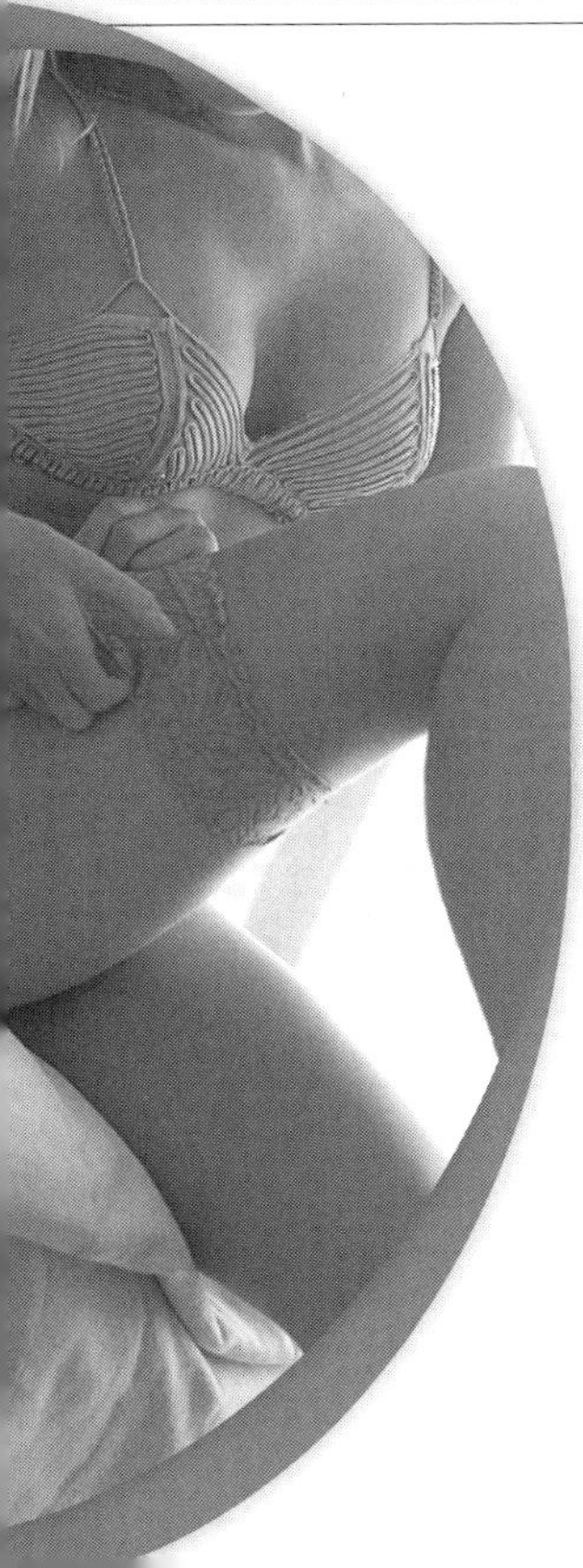

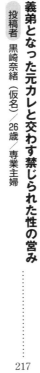

第一章

淫らに種付けされたい女たち

■いつしか私たちは互いの性器をあらわに剝き出し、雌雄を対峙させて……

娘の入園式でよその父親と淫らに交じわってしまった私

投稿者 新沼千恵美（仮名）／26歳／専業主婦

ひとり娘の麻衣が幼稚園に上がることになり、その入園式に参列したときに体験した出来事をお話ししたいと思います。

その日は平日でしたが、他の新入園児たちはほとんど両親が顔をそろえて来ていました。きっと皆、かわいいわが子の晴れの日ということで、仕事を休み都合をつけて駆けつけたのでしょう。

そう思うと、私は言いようのない寂しさに包まれました。

なぜなら私は自分一人だけの参列で、そこに夫はいなかったから。

実は三日前、夫の浮気を疑わせるような事件が起き、そのことを私が追及すると、逆ギレするかのように家を飛び出し、それ以来、夫は帰ってきていなかったんです。

私が夫を愛しすぎているあまり、異常なまでに感情的に責め立てすぎたのが悪かったのかもしれません。

でも、仕方ありません。

私は周りの家族が皆仲睦まじく楽し気に式に臨んでいるのを尻目に、一人寂しく式場の壁際にたたずみ、式の列に並んでいる娘が時折こちらを見て笑顔を向けてくるのに、精いっぱいの作り笑いを浮かべて応えるしかありませんでした。

と、いきなり誰かに声をかけられました。

「あなたも今日はお一人ですか？」

隣りに立ち、小声でそう聞いてきた相手は、品のいいスーツに身を包んだ、私よりも少し年上とおぼしき男性でした。背格好は夫とそう変わりませんでしたが、スーツの生地を内側から押し上げるようにしてパンパンに張り詰めたそのカラダは、かなりの筋肉質であることを窺わせました。少し緩めの体形の夫とは、明らかにその肉体の密度が違う感じでした。

「あ、はい……夫は今日、都合が悪くて……」

「うちも妻がそうなんですよ。他のところはほとんど両親そろってって感じだから、お互いになんだか肩身が狭いですよね」

「ええ、そうですね……」

彼の笑顔があまりにやさしく、ソフトで甘い声だったもので、私はまるで吸い込まれるように、さしたる抵抗感を覚えることもなく、ごく素直に応えてしまっていました。……が、続く彼の行動に思わずギョッとしました。

体を密着させるようにして隣りに立った彼が、私の手をとってつないできたんです。もちろん、周囲からは見えない絶妙の角度を保って。

さすがに驚いた私は、精いっぱいの小声で訴えるように言いました。

「な、何するんですか？　手、放してください……！」

ところが彼の返事ときたら、

「え？　いやなら振りほどけばいいじゃないですか。僕、そんなに強く握ってないですよ？　そのつもりなら簡単に振り払えるはずだ。違いますか？」

違いませんでした。

そう、私はつながれた彼の手に、言いようのない心地よさを感じていたんです。あったかくて、でも吸いつくようにしっとりとして……つながれていやなどころか、むしろもっと強く握って、と思ってしまっていたぐらいで。

何の抵抗もできない私の心中を見通したかのように、彼はさらに畳み掛けるように言ってきました。

「このあと子供たちが着席して、園長先生の話やら何やらあって……たぶん式は優に二十分以上あるでしょう。ねえ、どうです、私といっしょにちょっと席を外しませんか？　お互い寂しい保護者同士、意義ある交流を持ちましょうよ。ね？」

そのとき、人妻でありながら、よその男性に言い寄られる隙を見せてしまっている自分の倫理的甘さに対して憤りつつ、同時に抗いようのない昂りを感じ、心身ともに恍惚としている己がいました。

ああ、私を手ひどく裏切って、どこかのクソ女と不倫してる不実な夫とは真逆に、私のことを欲し、誘惑してくれるこんな素敵な男性がいる……。

ねえ、どうするの、私……？

……なんて葛藤したのもほんの一瞬、私はすぐに落ちていました。

それは、憎き夫に対して仕返ししてやりたいという気持ちの部分もさることながら、今すぐこのそばにいる男に抱かれ、激しく愛されたいという肉体的欲求に大きく突き動かされたものでした。身もふたもない言い方をするなら、つないだ彼の手から、そして互いの衣服の生地を通してでも伝わってくる熱くセクシャルな脈動の奔流に刺激されて、アソコが疼いてしょうがなくなってしまったんです！

「……ええ、いいわ。行きましょう」

私がそう言いながら、ぎゅっと強く彼の手を握り返すと、彼はニヤッと笑い、辺りを窺い周囲からの注意を引かないようにさりげなく私の手を引いて歩きだしました。

というか、保護者の皆はほぼ互いに初対面なわけで、私と彼が連れ立って歩く姿はごく自然にまっとうな夫婦・両親のそれとして映ったかもしれません。

手に手をとった私たちは式会場の講堂を出て、廊下をしばらく行った先にあるトイレに入りました。そして一番奥の個室に身を押し込むと内側から鍵をかけたのですが、鍵がちゃんとかかったかどうかを確かめる寸暇を惜しんで、唇を重ねると激しく互いの口を吸い、舌をむさぼり合いました。

「んぐ、うう、んじゅっ……あぐ、くふぅ……」

「はぁはぁはぁ……じゅぶ、んぶ……んあぁ……」

淫らにぬめった吸引音とあられもない喘ぎが狭い個室内に満ちる中、私と彼は互いの服を引きむしるように脱がし合っていきました。

スーツとYシャツの下から現れた彼の裸体は、案の定美しくたくましい筋肉に覆われ、その圧倒的な胸筋に押しつぶされるように抱きしめられた私の丸く白い乳房は、秘めやかで妖しい軟体動物のようにうねり身をくねらせ、じっとりと汗ばみながら肌を薄桃色に火照らせていきました。

「……あ、ああ、んあぁ……」

「ああ、すてきだ……極上のカラダだよ……じゅぶっ、じゅるじゅるる～～～～！」

彼は私の乳首にむしゃぶりつき、激しく音をたてて吸い啜り上げました。怒濤の快感の奔流が私の全身を駆け抜け、喜悦の美電流に性感が痺れまくります。

「ひあっ、あっ……んあぁぁっ……！」

いつしか私たちは互いの性器をあらわに剝き出し、雌雄を対峙させていました。

彼のペニスは今にもはち切れんばかりの勢いで勃起して、その先端から透明なガマン汁を滲み出させ、私のヴァギナも赤身のひだをてらてらとぬめり光らせ、濃厚な愛液を今にも滴らせんばかりに淫らに湛えて……もはや私たち自身の意思に関係なく、互いの淫力に引かれ、求め合っているかのようで、あっと思う間もなく、何の避妊の手立ても講じることなしにズブリと合体してしまいました。

「ああっ、はぁ……あ、あああっ！」

「んぐぅ、くふっ……あうっ！」

その待ちかねた快感に煽られるままに互いの咽喉から喜悦の喘ぎが弾け響き、さらにそれに後押しされるように肉の交合のピッチが上がって激しさを増して……ヌッチャ、グッチャ、ズップ、ズチュ、ヌチュブ、ジュブジュブ！　……私たちは互いにしっかりときつく抱きしめ合い、腰を打ちつけ合い、ケダモノのようにむさぼり合っていました。

　すると、いよいよ追い詰められた私の性感が悲鳴を上げ、クライマックスが押し寄せてくるのが感じられました。

「ああっ、あ、ああ……も、もうダメ……イク、イッ……イッちゃうのおっ……」

「ああ、僕も……僕もイキそうだよ……くぅっ……」

「……あぁっ……な、中に出さないでぇっ……あ、ああ……ああああああっ！」

「……んっ、んぐっ！　くぅぅぅっ……！」

　私はオーガズムに達しながら、彼がフィニッシュの直前でペニスを抜いて外出ししてくれたのを認識していました。ふ～っ、一安心。

　今の段階で、まさか私のほうが先に、よその男の子供を孕んだりするわけにはいきませんからね。あともうちょっと夫のことを信じてあげないと。

　事後、何事もなかったかのように講堂に戻った私たちは式を最後まで見届け、その後それぞれ我が子を連れて帰路についたのでした。

■デスクに両手をつかされた私の背後から、膣に向かって巨大な衝撃が襲いかかり……

オフィスオナニーを見られた私の恫喝オーガズム体験

投稿者　青木みちる（仮名）／24歳／OL

啓蟄《けいちつ》って言葉、つい最近、生まれて初めて知ったんだけど、なんかエッチだよね？『冬籠りの虫が這い出る』……つまり季節が暖かな春になって生き物たちが活動を始めるってことだけど……それってまさに私の話！

まあ、私の場合、「ちつ」は「ちつ」でも、お股の間についてる「膣」ってことで、要はオマ◯コがムズムズと疼きだすっていう……おかげでついこの間、すご〜くエロくて気持ちいい目に遭っちゃったのよね〜。

私、昔からけっこうモテるほうで、二年前の女子大生時代までは常にカレシが二〜三人はいて、週替わり、いや日替わり状態で相手を替えてセックスを楽しんでるような感じだったんだけど、卒業して今の会社に就職してからこっち、仕事が忙しくてカレシ作ってる暇もないっていうのもあって、百八十度逆に完全なセックスレス・ライフになっちゃったのね。

いわゆる『オトコ日照り』っていうやつで、そんな状態がもう丸一年も続いちゃったもんだから、最近その反動というか欲求不満が、もう本当にものすごくて……マジ『二十四時間発情中』って感じ？　会社で仕事してても、ほんとにもう四六時中アソコが疼いてるような状態で、ふと気づくと自分でも知らない間に、パンツの上からアソコをボールペンのヘッドとかでグリグリ刺激したり、スカート越しだけどデスクの角っこにアソコを押し当てるようにしていじくったり……まるで慢性オナニー症候群？　みたいな。

そんなわけでその日、私は大量の仕事を抱え込み、夜の十時過ぎまでオフィスに一人残って残業に没頭してたんだけど、途中ふと気を抜いた瞬間にドッと心身のモヤモヤをオナニーで発散したい状態に陥っちゃって……いつもはそこまで大胆なマネはしないのに、ついに一線を越えちゃったっていうか……自分の他に誰もいないのをいいことに、椅子に座ったまま下半身剝き出しにして大股開き、疼きまくるオマ◯コを指で直接いじくりだしちゃったの。

そしたらまるで、昼間みたいに他の社員の皆が大勢すぐそこにいる中でオナニーしてるような感覚に捉われ、なんだかムチャクチャ興奮して感じまくっちゃって……！

「……んあっ、はっ、ああ……ああん、んくふぅ……はぁ、あぁ、んくっ……あ、あ、あ……あうくぅ〜〜〜〜〜っ……！」

耻も外聞もなく大声で喘ぎよがり悶え、どんどん昇りつめた挙句、

「あ、あ、あ……イ、イク〜〜〜〜〜ッ！」

とうとう絶頂に達した私は、もう意識朦朧のフラフラ状態で、心地よく半覚醒の波の上をたゆたってた……。

けど、そのときだった、粘り着くような無粋な声で我に返ったのは。

「お取り込み中悪いね、青木さん。もう一息ついたかな？」

すぐ脇に立って私の痴態を見下ろしながら、そう声をかけてきたのは、なんと上司の原島部長（四十三歳）！

「あ、あ、あ……ぶ、部長……！　ち、ちがうんです、こ、これはっ……！」

何が違うんだかよくわからないまま、とりあえずその場を取り繕おうとした私だったけど、グチョグチョに乱れたアソコをあけっぴろげにしたまま何を言おうが、そんなの通用するはずもないよね？

「まあまあ、いいからいいから、青木さん。忘れ物を取りに戻ってみたら、まさかの場面に出くわしちゃってビックリしたけど……きみが夢中になってオナってる姿はしっかりとスマホに収めさせてもらったから、何を言っても意味はないよ」

部長にそう言われ、私はもう蛇ににらまれた蛙状態で押し黙るしかなかった。

「そこでひとつ相談なんだが、僕も今、三十六歳の妻が遅い二人目を妊娠中で、夫婦生活がままならない状況なんだよ。お恥ずかしい話、こっちもけっこう溜まっちゃっててねえ……そこでどうだろう？　言うまでもなく、きみも相当溜まってるみたいだから、この際、我々二人で仲良く慰め合わないかい？」

部長の奥さん、二人目を妊娠中だったのか。それはそれはおめでとうございます。でも、残念ながら私、部長のこと、ぜんっぜん好みじゃないんだよな～……つーか、ハゲでデブで脂っぽくて……はっきり言って大っきらい！

でももちろん、そんなこと言えるはずもなく……ろくでもないオナニー痴態をスマホに収められた私としては、部長の申し出を受け入れないわけにはいかなかった。

私はコクリとうなずき、それに対して部長はにんまりと笑みを浮かべた。

「よしよし、話のわかる部下を持って、僕も嬉しいよ。じゃあ、まずはコイツをしゃぶってもらおうかな。きみのオナニー姿を見せつけられて、もう痛いくらいカチンコチンなんだよ」

部長はそう言って股間を突き出し、私は黙ってそのズボンのファスナーを下ろすしかなかった。そして息を呑んだ。

その醜くたるみきった体型とは裏腹に、勃起して剝けきった部長のペニスは長さ優に二十センチ近く、太さも直径五センチ以上はあろうかという迫力満点の巨根で、しかも黒光りしながら大きく張り出した亀頭は、それがもし自分の胎内に入ったらさぞかし魅惑の大暴れをしてくれるだろう、際立った存在感だったから……。

「……はぁ、あぁ……んじゅぶ、んぐっ……」

私は片手でそれを摑んで咥えると、亀頭の縁をレロレロとねぶり回しながらジュボジュボと口内に出し入れして、激しくディープにしゃぶりまくってた。口いっぱいに広がるその淫靡な食感がもうたまらなくて、私は同時にもう片方の手で自分のアソコを淫らに掻きむしって……。

「お、おお……いい、いいよ、青木さん……きみ、若いのにすごいテクニックだね。いい年して男の悦ばせ方を全然知らないうちのヤツにレクチャーしてやってほしいくらいだよ……うう、くぅ……」

部長の呻きとともに、ジュワっと口内に生臭い苦みが拡がって……そのカウパー・テイストに、私の興奮もますますスケベに昂っちゃった。

「あ、ああっ……ぶ、部長！　私もう……オチ◯ポ入れてぇっ！」

「おお、いくぞ、入れるぞっ！　……そらっ！」

その瞬間、ガバッと身を起こされ、デスクに両手をつかされた私の背後から、膣に向かって巨大な衝撃が襲いかかり、濡れた秘肉をめくり上げて熱い肉塊が突き入ってきて……っ！

「ひぃっ！　あ、あああっ……あん、あん、あ、あぐぅ〜〜〜っ！」

「うおおっ、いい、いいぞ……ヌラヌラまとわりつきながらギュウギュウ締めあげてきてっ……さ、最高のオマ◯コだぁっ！」

「あ、ああっ……イクイク……イク〜〜〜〜〜〜〜〜〜〜〜ッ！」

「うぐぅっ……こ、こっちも……で、出るぅっ！」

一瞬、ヤバッ！　って思ったけど、私は部長の熱い放出を胎奥深くで受け止めながら、半狂乱状態でイキまくっちゃってた。

あ〜あ、少なくとも、部長と奥さんの夫婦生活が復活するまで、私、付き合わされるんだろうなあ。まあ、気持ちいいからいいけど。

とまあ、これが私のドスケベ啓蟄体験でした！

■男はあたしの乳房を直に揉みたてながら、乳首がちぎれんばかりに吸い搾ってきて……

春の宵のレイプ・エクスタシーに淫らに悶え乱れて

投稿者　鹿島ゆう（仮名）／31歳／パート主婦

なんだか最近、やたら悶々としちゃうんです。

なんだろ、やっぱり春だからかなあ？

なんかこう、体の奥の深～いところがズキズキ疼いて、たまらなくなっちゃう。

これはあれね、春になって寒さから解放されて、体調もいいほうに整ってきたもんだから、それに合わせて性欲も増進してきてるんだわ、きっと。

そう思って、どちらかっていうとエッチに淡泊なダンナにおねだりして、夜の夫婦生活をがんばってもらったんだけど……あれ？　全然パッとしない。一応、あたしもイクことができてるっていうのに、なんだかモヤモヤが晴れないの。

まあ、しょうがないわね。

じゃあこれはきっと、あたしの体力があり余ってるのも一因なんだわ。そう思って、ほら、昇華っていうやつ？　昔、保健体育で習った、性的欲求不満を他のことに置き換えて解消するっていうやつ。それをやってみようと思って、日々の日課にジョギングを取り入れることにしたんです。スポーツでモヤモヤを解消だーって！

昼間は家事やらパートやらで忙しいから、実施時間はもっぱら家電量販店勤めのダンナが帰ってくる、夜の九時前の三十～四十分くらい。家の近所にまあまあ大きな川があって、その河原の土手を走ることにしました。

ただ、いざ始めてみたものの、走ってみて例のモヤモヤが解消されたかっていうと、そんなことはなくて、やっぱり体の奥のほうの悶々は居残ったまま……。まあ、でもいいか、走って汗を流すこと自体は気持ちいいしねと、それなりに楽しく続けました。

そんなある日のことです。

四月も後半でまさに季節は春本番、夜になってもとても温かく、あたしはいつにも増して軽快に土手を駆けていました。週末はそれなりに多いものの、平日の今日はほとんど他のジョガーやランナー、ウォーカーは見当たらず、すいすいと走りやすい反面、ちょっと寂しいなと思っていたのを覚えています。

そんなあたしの後ろから、タッタッタッ……と、見る見る走る足音が近づいてきました。そのストライドの大きさを窺わせる音の間隔から、明らかにそれが男性のものだとわかり、ちょっと不安な気持ちになりましたが、かと言って、変に警戒したり、立ち止まったりするのも悪いかなと思い、あえて平然と走り続けたんです。すると、向こうから「こんばんはー」と声をかけられ、その明るい口調に思わず気を緩めたあたしは、返事を返そうとしました。

ところが……。

「こんば……」と言いかけたあたしは、ごつい手のひらでいきなり口をふさがれ、体を拘束された格好で、そのまま土手上から河原の底へズザザザッと引きずり下ろされてしまったんです。

（えっ、なになに！　何なのいったいっ……⁉）

あまりに突然のことに、あたしったらもう完全に気が動転しちゃって。

結局、下に着いたときには、あたしは地面の草むらの上に寝っ転がり、上から誰かに口をふさがれながら、覆いかぶさられていたんです。誰かとはもちろん、さっき後ろからあたしに声をかけてきた、謎のランナー。土手の上にはぽつぽつとある街灯の明かりも、河原の下のほうまではほとんど届かず、ほぼ暗闇の中で相手の顔は見えなかったけど、その大柄な影と頑強な体躯のほどはいやでもわかり、あたしに恐怖感を覚えさせるに十分でした。

「……あんたのこと、毎晩見てたぜ。いい女だなあ、抱きてぇなぁって。で、辛抱たまらず、ついに今日、実行することにしちゃいました。アンダスタン？」

男はそう言い、少し冗談めかした口調ながら、その裏側には反対に否定しようのない凶暴さが感じられ、あたしは蛇ににらまれた蛙状態……もう怖くて怖くて、抵抗するどころじゃありませんでした。

「おう、おとなしくしてるところを見ると、ちゃんと自分が置かれた状況がわかってるみたいだな。いい子だ。そうやっていい子にしてれば、痛い目にはあわせないからよ。それどころか、すげえ気持ちいい思いさせてやるよ」

男は満足げにそう言うと、あたしの口をふさいでいた手を放しました。そして代わりに唇にむしゃぶりついてくると、煙草臭い息を吐きながら舌を突っ込んできて、あたしの口内中を舐め回し、舌と舌をからめ、ジュルジュルと唾液を啜り上げてきました。そして同時にあたしの胸を摑んで、すごい力で揉みしだいてきて……。

「んんっ……ぐふ、うぐぐ……んぐぅ、ううっ……！」

軽いスポーツブラとTシャツで覆われただけの、ほぼ無防備に等しいあたしの胸は、その強引な愛撫にひとたまりもなく、荒々しい激痛と否定しがたい甘い感覚とがないまぜになった刺激に翻弄され、否応もなくほぐされていってしまいました。

（……えっ、なに、この感覚？　痛いのに……イヤじゃない。いえ、それどころか、もっともっとって、カラダが求めてる感じ……？）

あたしは自分の身に起こっている変化にうろたえていました。

明らかに無理やりレイプされてるっていうのに、その暴力的な行為がむしろ嬉しいだなんて……何なの、あたしってば⁉

そんなあたしの心中など知ったことかと、男の行為はさらにエスカレートしていきました。Tシャツとスポーツブラを剝ぎ取ると、剝き出しになったあたしの乳房を直に揉みたてながら、乳首がちぎれんばかりに吸い搾ってきて……！

「ひっ……んあっ、あぐぅ……はっ……！」

それは激痛だったけど、同時にたとえようもなく心地よくて……最初は苦悶めいていた自分の声が、次第に甘く上ずってくるのがいやでもわかりました。

「あ、あん……んんっ、んはっ……ああん……」

「おおっ、いい声で啼くじゃねえか！　その調子、その調子、もっともっと気持ちよくしてやるぞ。ほら、俺のこのぶっといモノが欲しいんだろ？　ん？」

男は自分の下半身を剝き出すと、その凶暴なまでに巨大にそそり立ったペニスを振りかざし、ジャージとパンティを引きずり下ろされたあたしの股間にあてがい、突き入れてきました。

「ひあっ！　ああ、ああっ……んああっ！」

大事な穴をとんでもない力で貫かれたあたしは、もはや痛みを覚えることはなく、激しく抜き差しされるたびに快感に喘ぎ、恥も外聞もなく悶えまくっていました。

「うおおっ、締まるぜぇっ、いいマ◯コだあ！　最高のマ◯コだあっ！　く〜〜っ、さあ、そろそろぶっ放すぜえっ……うっ、うぐぅ〜〜〜〜っ！」

「あひっ……ひっ、ひぃ……あ、ああ〜〜〜〜っ！」

あたしは男の熱い精をドクドクと注ぎ込まれながら、未だかつて感じたことのないような絶頂の高みに吹き上げられていたんです。

同時にそれは、それまで抱えていた、いいようのないモヤモヤが晴れた瞬間でした。あたしはこれを、レイプで無理やり犯され踏みにじられることを、ずっと望んでいたんです。

満足した男が去っていったあとも、あたしは信じられない自分の欲求の正体を知り、しばらくは呆然としたままだったんです。

■私は乳房をブルンブルンと揺らし、振り乱しながら彼の乳首をねぶり回して……

女社長と秘書のヒミツの淫らパートナーシップ

投稿者　里中翔子（仮名）／37歳／会社経営

一人娘だった私は、父が高齢になって中規模の食品加工会社の社長を引退することになったとき、否応もなくその跡を継がざるを得なかった。母はもうずっと完全な専業主婦で経営のことなどこれっぽっちもわからず、幹部社員の中にも後継者に相応しい人材が見当たらなかったからだ。その点、私は大学卒業後入社以来、叩き上げで父の右腕としてすべてを経験し、苦楽を共にしてきたこともあり、我ながらそりゃもう自分しかいないだろうなあ、と思ったものだ。二代目「女」社長として就任したのは、私が三十三歳のときだった。

まあもっとも大きな計算違いは、父としてはそのうち私に婿をとらせて、対外的社長はその婿に、陰で経営の実験を握る副社長あたりを私にやらせたかったのだろうけど……結局、私に縁がなかったのだからしょうがない。

それ以来、さしたる苦労もなく、おかげさまで業績は右肩上がりで経営は順調、私は辣腕の女社長として業界で確固たる地位と評判を築いている。

と、見た目はとんとん拍子に映るだろうが、その実、やはり女手ひとつで社員五十人超の規模の会社を切り盛りするのに襲いかかるストレスは、並大抵ではなかった。当然、何かでそれを解消・軽減しないことには、いずれにっちもさっちもいかなくなることは目に見えていたが、あいにくと私は酒も飲まず、ギャンブルもせず、物欲もなく……といった困った塩梅で、およそ一般的な、世間でいうところのストレス解消法が見つからず、けっこう真面目に困っていたのだ。

でもある日それが、思わぬ明確な形となって私の目の前に現れた。

その年、わが社は三人の新卒新入社員を採用したのだが、その中の一人に間宮恵一(仮名)がいた。それまで私は、女として異性に心惹かれるという経験をほとんどしてこず、さすがに処女でこそないが、文字通り『男まさり』という人生の道を歩んできたのが、こと恵一に対しては一目で心とらわれてしまったのだ。ただまあ、およそ年齢的には私がひと回り以上も上だが、そういう年の差恋愛自体はよくある話といえば、そういえるわけで……私の場合、それの何が『思わぬ』形かといえば、彼を一目見るなり、こう思ってしまったのだ。

この男に、とことんいじめられる恋がしたい!

その想いは、彼が一次の筆記試験、二次の役員面接を経て、最終三次の社長面接まで進んできて、初めて私と顔を合わせた瞬間に、雷となって私の全身を貫いた。

その、演技派人気俳優の藤原○也を彷彿とさせる美形の面差しには、悪魔のような冷徹さが宿り、その妖しい眼光ににらまれるや否や、心身ともに彼の奴隷になりたいと、魂の底から欲してしまったのだ。

私はすぐさま彼の採用を決め、さらには上意下達の鶴の一声で、私の社長秘書に任命してしまった。

そう、私と彼、いつでも二人いっしょにいられるように。

そして果たして、そんな私の天啓ともいえる欲求は正しかった。

入社式を終え、正式に社長秘書としての勤務が始まった初日に、採用したその特殊な理由を私が思い切って話すと、彼は微笑みさえ浮かべてこう言ったのだ。

「そうですか、社長、あなたも……。大丈夫ですよ、慣れてますから。今まで僕がつきあった子、みんなそうでしたから。はい、がんばらせてもらいます」

思わず、身中をゾクゾクと甘い戦慄が走った。

その日は仕事が立て込んでいたため、そのやりとりだけで終わったが、翌日早速、私と恵一だけの秘密の時間が訪れた。

取引先のスーパーチェーンの社長との商談を済ませ社に帰ってくると、次の約束まで一時間弱の空きができた。二人きりの社長室、思いっきり気持ちを込めた視線を恵一に送ると、悪魔のような笑みを浮かべながらスーツの上着を脱ぎ、Ｙシャツのネクタイを緩めつつ、彼が私のほうに歩み寄ってきた。

そして言う。

「何ぼーっと突っ立ってんだよ？　ほら、おまえも脱げよ。その不似合いなブランドものの高そうなブラウス脱いで、たるんで醜い中年女のカラダさらせよ。あ？」

正直、私は自身の肉体的コンディションにだけは気を遣っていて、真面目にジム通いをしていたため、年齢に比してプロポーションには自信があったが、そんなの関係ない。彼が醜いと言ったら醜いのだ。

「は、はいっ……す、すみません！　すぐに……っ！」

私は言われるままにブラウスのボタンを外し、薄紫色のブラジャーだけの上半身をさらした。我ながら大きなバストが、彼に向かって挑むように突き出す。

「ふん、脳みそ空っぽのバカ女らしく、胸だけは牛みたいにでっけーのな。ほら、早くブラとれよ。そんでデカ乳揺らしながら、俺のこと気持ちよくしてみせろよ」

「は、はいっ……」

突き放すようにそう言われ、私はすでにネクタイが取られたYシャツの前をはだけ脱がし、彼の乳首に吸いつき、舐め始めた、

「ほらほら、もっと激しく、必死に！」

さらにそう命じられ、私は上半身をくねらせ、乳房をブルンブルンと揺らし、振り乱しながら彼の乳首をねぶり回し、吸いたてる。

「ほら、そのままズボンを脱がせて……下も奉仕しろよ、こら、休むな！」

「……は、はいっ……！」

私は言われたとおりに、彼の乳首をむさぼる舌と唇は休めないまま、ユッサユッサと乳房を揺らしながら、手を下にやってベルトを外し、そのままストンとズボンを足首のところまで落とした。そしてぴっちりとしたボクサーショーツに包まれた彼の盛り上がった股間を両手を使って揉みこねる。その刺激で、中の肉のとぐろは見る見る硬くみなぎっていき、今にもボクサーショーツが引き裂けんばかりにパンパンに大きく突っ張った。

「なんだ、俺のチ○ポ、しゃぶりたいのか？　ん？　だったら四つん這いになって懇願しろよ。オチ○ポ、しゃぶらせてくださいってな！」

「……あ、ああ……お、おチ○ポ、しゃぶらせてくださいっ！　お願いですっ！」

私は言われたとおり彼の前で四つん這いになり、その布地で覆われた股間の膨らみを鼻先でこね回しながら、無我夢中で懇願した。もう欲しすぎて涙が出る。

「よし、いいぞ、しゃぶらせてやる。おっと、その前におまえも服全部脱いで全裸になるんだ。素っ裸で奉仕しろ！」

「は、はいっ……」

私は言われたとおり自分の服を脱いでから、恵一のボクサーショーツを引きずり下ろして、その雄々しく勃起したペニスを社長室の明るい照明の下にさらした。そして、すでに透明な液を先走らせた先端からパクリと咥え込み、激しく首を前後させながら大きなストロークでしゃぶりまくった。

「んあ、あぶ……んぶっ、んじゅぶ……んぶ、んぶ、じゅぶ……んがっ、あぐ……」

「ああ、バカ女にしては上等だぞ……んんっ……ほら、どうした、手が空いてるぞ……玉もちゃんと奉仕しろよ、ばか女っ！」

「……んぐぶ、うぐ……は、はいぃ……っ！」

私は自らの乳房を振り乱しながら、ペニスをしゃぶりたて、玉袋を手で揉み転がして……そうするうちにどんどん自分のほうも昂っていってしまう。

「あ、ああっ……お、お願いです！　もうガマンできないんです……この立派なおチ〇ポを、私のこの無様なマ〇コに突っ込んで犯しまくってくださいっ……！」

恥も外聞もなく、そうますます必死で懇願してしまう。

「ちぇっ、しょーがねーなー……ほら、そこの机に両手ついて尻をこっちに向けろ！　もうあんまり時間もねぇし、後ろからぶち込んでやるよ」

「あ、ありがとうございま……あがっ！」

彼の指示に応えて体勢を変えるや否や、バックから激しく貫かれ、私の感謝の言葉はケダモノじみた喘ぎに変わってしまった。そのまま怒濤の勢いで突きまくられ、私は信じられない高揚と快感の果てに、ものの五分で絶頂に達し、その後、彼の射精を顔にぶちまけてもらった。

それはもう、筆舌に尽くしがたい興奮と悦びだった。

その後、こうして恵一からその都度、適切なはずかしめケアを受け、心身ともにガス抜きをしながら、私の社長業は順調に進んでいる。

でも、そろそろ彼一人じゃ、なんだかちょっと物足りなくなってきた。

そろそろ秘書を二人に増やさなきゃダメかしら？

■私のそこにギンギンにたくましくいきり立った園長のペニスが当てがわれて……

保育園内で繰り広げられる私と園長の豪快ペナルティH

投稿者 真崎千春（仮名）／25歳／保育士

まさか、やさしい人格者だとばかり思い、尊敬していた園長に、あんなウラの顔があったなんて。

私は、とある無認可保育園に保育士として勤めて、今年で二年目になります。つい先日、園児の指導に関してとんでもない失態をしでかしてしまいました。癇癪を起こした他の園児の世話に必死になっている間に、別の園児同士の取っ組み合いのケンカまで目が行き届かず、片方の園児が頭にけがを負ってしまったんです。幸い大事には至らず、その園児は三日ほど休んで傷の状態が落ち着いたあと、また元気に登園できるようになってホッとしていたんですが、その後、私は園長室に呼びつけられることになったんです。

「真崎先生、ちょっと困ったことになりましたよ」

園長（五十七歳）は私に向かい、いかめしい顔をしてそう言いました。

「えっ……淳也くんのことですか？　今はもうすっかり元気に遊び回っていて、何も問題は見受けられないかと思いますが……」

　私は恐る恐るそう言ったんですが、ことはそう簡単ではなかったようです。

「それがね、淳也くんのご父兄が、実は当園の大口の寄付支援者なんですが、今回の件でちょっと今年後半期の寄付は見送らせてほしいと……」

「え、ええっ⁉　そ、そんな……そ、それで、その寄付金の額は……？」

「……およそ一千万円」

　私は青くなってしまいました。私の保母としての監督不行き届きのせいで、園の運営にとって重大な、そんな大金が失われようとしているだなんて……！

「あ、あのっ……！　もう一度、私にお宅までお詫びに行かせてください！　それでなんとか寄付金のことを考え直してもらいますから……」

　もちろん、すでに一度、私は淳也くんの自宅まで謝罪に行っていますが、それでは足りなかったということ……でも、園長の答えは、

「無駄でしょうねえ。相当お怒りのようでしたから……」

「そ、そんなっ……！　なんとか考え直してもらうことはできないんでしょうか？　私のお給料で補填しようにも、そんな大金じゃあとてもとても……」

動転した私がすがりつくように言うと、園長は、

「幸い、私と先方のお父さんは大学時代の学友です。その縁にすがって私が土下座してお願いすれば、ひょっとして何とかなるかも……」

と答え、私は一筋の光明を見た思いでした。

「じゃ、じゃあ……お、お願いします、園長！　園長のお力でっ……！」

私は泣きつかんばかりの声で言いましたが、それに対する園長の言葉は、あまりにも意外すぎるものでした。

「あのなあ、俺にもプライドってものがあるんだよ！　学友といえば聞こえはいいが、あいつは親のコネと金でようやく入学できた落ちこぼれ学生だった。でも俺は必死で勉強してなんとか奨学金を得て、自分の能力と努力で入ったんだ！　そんな相手に土下座するんであれば、それ相応の見返りがないことには……な？」

「え……み、見返りって……？」

「それは真崎先生のカラダだ！」

そう言うと、いきなり私に摑みかかり、服を引きむしろうとしてきたんです。

「そ、そんなのっ……い、いやですっ……！」

「じゃあ、退職金はおろか、今月の給料もなしで、今すぐ辞めてもらうだけだ。そこ

まですれば、まあ先方もなんとか矛を収めてくれるかもしれん……」

園長はそう言いましたが、それでは私が困ります。そんなの死活問題です。

私はいよいよ覚悟を決めました。

「じゃあ、私が園長に抱かれれば、淳也くんの親御さんに土下座してくれるんですね？　それで園が救われるんですね？」

私がそう訊くと、「そうだ」と園長がはっきりと答えました。

「わかりました。今すぐですか？」

もう今日はとっくに閉園し、園内に残っているのは私と園長の二人だけ。絶好の機会といえばそのとおりです。案の定、園長は、

「ああ、今すぐだ」

そう言うや否や改めて私の衣服に手をかけ、次々と剝ぎ取っていきました。

エプロンを外され、着ていたネルシャツを脱がされ、ジーンズを下ろされて……最後に残ったブラとパンティも剝がされ、とうとう全裸にされてしまいました。

「はぁ、はぁ、はぁ……ほんとは、きみがうちに来たときから、こうするのが夢だったんだ……こんな理由もなんだが、ようやっとその想いが叶うよ……」

園長はらんらんと目を輝かせながらそう言い、さらに私に指図してきました。

「さあ、そのまま私のこれをしゃぶってもらおうか……その大きな乳が揺れまくるぐらい、大きく激しくしゃぶるんだぞ！」

私は椅子にかけた園長の前にひざまずくと、そのズボンと下着を引き下ろして、園長が言った『これ』……股間でとぐろを巻いた大きなペニスを手にとり、口を寄せしゃぶり始めました。こうなったら、持てる力のすべてを振り絞って園長を満足させるだけです。こう見えて私、フェラチオのテクはカレシに相当鍛えられてて、かなり自信があるんです。

まだ柔らかい鎌首を持ち、その亀頭のくびれに舌をからませて舐めしゃぶり、だんだん大きく硬くなっていくと、今度はニョッキリと伸びた竿の裏筋に沿って上下に舌を這わせ滑らせ……表面に浮き出した太い血管がまるで脈打っているかのようでした。

「お、おお……いい、いいぞ、真崎先生……ほらっ、もっと大きく激しく乳を振り揺さぶって！　ああ、最高の眺めだ！　もっと……もっと！」

園長は声を上ずらせながらそう言って悦び、続いて手を伸ばして私の両方の乳房を摑むと、すごい勢いで揉みまくってきました。その太い指がグイグイと乳房の肉に食い込み、最初は痛かったものの、だんだん慣れてくると、なんとも心地いい刺激に変わってきました。

「んぐふ……はぁ、あ……んぶっ、じゅぶっ……んあっ、あ、んくぅ……」

　私は必死でフェラしつつ喘ぎ声を漏らし、自らの性感もどんどん昂っていくのがわかりました。

「ああっ、いいぞぉ！　俺のももうバリバリギンギンだぁっ！　さあ、真崎先生、デスクに腰かけて、両脚を大きく広げて縁に乗せるんだ」

　私は言われたとおりにM字開脚状態になり、すると今ではもう恥ずかしながらすっかり濡れてしまっている自分のアソコが、パックリと口を開けてその淫らな赤身肉をさらしました。そしてそこに、年齢に不相応にギンギンにたくましくいきり立った園長のペニスが当てがわれ、ズブズブと挿入されてきました。

「……っあっ！　あひ、ひぃ……え、園長……す、すごっ……！」

　私は想像以上にすさまじい園長の肉の力感に喘ぎながら、その抜き差しのリズムに合わせて、自分でも腰を前後に動かし、より深く、より刺激的に淫らなインパクトを味わおうと無意識に必死になっていました。

「おおっ！　やっぱり若いオ◯コはちがうなあっ！　うちの古女房のユルユルオ◯コとちがって、ピチピチ、キュウキュウ、活きのいい締めつけで……う〜む、こりゃ効くなぁ〜っ！　ふん！　ぐっ！　うむ！　うふう！」

「あ、ああ、え、園長、そんなに突かれたら……こ、壊れちゃう〜〜〜！」

私は今や園長の背中に手を回してしがみつきながら、次から次へと襲いかかる強靭な貫きに、悶え喘ぎ、喜悦の雄叫びをあげていました。

「……う、うおっ……だ、出すぞ、真崎先生……準備はいいかっ⁉」

いよいよ園長がそう唸るように言い、私のほうも、いや準備って言われても……とうろたえながらも、自分から思いっきり腰を前に突き出して、園長の炸裂を真正面から迎え撃ちました。

「ほらほらっ！　いくぞっ……うむ、うぐ〜〜〜〜〜〜〜っ！」

「あ、ああっ！　え、園長っ……んあぁああぁっ！」

こうして私たちは二人ほぼ同時に達し、園長もいたく満足してくれたようでした。

その後首尾よく、園長の土下座のおかげで淳也くんのお父さんも矛を収めてくれて、寄付金を失う危機は回避することができたようでした。

まあ私はといえば、すっかり園長との豪快エッチに味をしめて、またお願いできないものかと思っちゃったりしてるんですけどね。

■痴漢は私のソコに唇を当て、トロリと溢れ出てきた濃厚な淫汁を、ズルルルル……

映画館痴漢の信じられないトリプル・エクスタシー！

投稿者 松本まり（仮名）／29歳／ブックデザイナー

その日、つきあってるシンヤが、いきなりこんなこと言ってきた。

「いいとこ見つけたよ。今日、これから行こうよ」

「はあ？　なんの話？」

「だから、おまえ、最近オレらのエッチもマンネリ気味だから、もっと刺激のあることしたいって言ってたじゃん？　で、そういうことができる、いい場所を見つけたってことさ。俺の知り合いのウラもの系ライターが教えてくれたんだ」

ああ、そういえば、言ったた言った、そんなこと。だってほんと、シンヤとももう三年目だし、いい加減同じようなエッチ、飽きてきたんだよね。

ってことで、出版社勤めのカレがその筋の専門家（？）から聞いたという、と～っても刺激的なスポットに急遽行くことになったわけ。

時刻は夜の九時すぎ。

連れていかれた先は、今どきはやらないだろう、いかにも寂れた感じの成人映画館だった。そう、いわゆるポルノ映画館だ。

私は正直、ちょっとガックリきてしまった。今日び、ネットでいくらでも無修正のエロ画像が見れるっていうのに、こんな昔ながらのポルノ映画が刺激的ですって⁉ シンヤもとうとう焼きが回った？

と、私がいかにも不満げな顔をしてると、彼は不敵な笑みを浮かべながら言った。

「まあ、おまえの胸中はわかるよ。でも、だまされたと思ってちょっと付き合ってみなって。ほんと、すげえらしいから」

って言われても、私はまだまだ半信半疑だったけど、とりあえず言うとおりにしてあげることにした。

入口の券売機でチケットを買い（なんと一本立て五百円ぽっきり、当然入れ替えもなしで何回でも見放題…だけど、今日はもう最終回の上映らしい）、もぎりのおばさんに渡し、薄汚れたロビーから重々しいドアを開けて、シンヤと二人、映画を上映している劇場の闇の中へと足を踏み入れた。

そして私は息を呑んだ。

最初、目が暗さに慣れるまでは館内の様子もよくわからなかったけど、それがだんだん見えてくると……決して広くないそこには、あちらこちら、五か所くらいに分かれて三～四人の人だかりができて、それぞれが何やらやっているようだ。よく目を凝らして見てみると……それぞれに女性が一人だけいて、それを二～三人の男たちが取り囲んで、何やらよからぬことをやっていたのだ！

「……ええっ⁉　な、なにこれ……？」

私が度肝を抜かれ、喘ぐように言うと、シンヤが耳元で囁いてきた。

「な、すごいだろ？　ここはね、おまえと同じようにもう普通のエッチじゃ満足できない……すごい刺激を欲しがる女が、『集団痴漢』をしてもらいにやってくる、その道じゃあ知る人ぞ知る伝説的スポットなんだ」

集団……痴漢……。

その言葉を聞いた瞬間、何やら私の身中は、これまで経験したことがないような異様な状態と化した。カーッと全身が火照りだすと、カラダのあちこちが……頭の先からつま先までが鋭敏に尖り立ち……そう、それはまるで全身がいやらしい性感帯になってしまったかのような……。

いかにもつまらなさそうなポルノ映画が映し出されているスクリーンが発する、煤けた光に照らされ、シンヤは淫猥な笑みを浮かべながら言った。

「ふふ、がぜん興奮してきたみたいじゃないか。よし、じゃあ席について痴漢の皆さんに触ってもらうとしますか？　オレが一緒にいると皆さん、手を出しづらいかもしれないから、最初は遠巻きに見てることにするよ。さあ、思う存分、楽しませてもらっておいで」

彼は私を全座席のど真ん中あたりの場所に一人ぽつんと座らせると、そそくさと離れていった。すると、そのタイミングを見計らっていたかのように三つの人影が動き出し、それぞれがスススと私目がけて移動してきた。

あ……私、今から見知らぬ男たちに集団痴漢されちゃうんだ……。

そう思うと、さっきに輪をかけて全身の性感が昂り、興奮で息も荒くなってきた。

そして、そんな私を取り囲むように……左右両脇の席に二人が座り、あと一人は座席の陰に身を潜めると、私のすぐ前にうずくまって見上げてくるような形になった。

「ほ〜っ、こりゃまた上玉じゃないか」

「ほんとだ……まだ若いし、顔もカラダもイケてる」

「よしよし、今日はたっぷり感じさせてあげるからね。オレらにまかしときな」

三人の痴漢たちは口々にそう言いながら、私のカラダに一気に群がってきた。

左右の席の二人が連携して、私のジャケット、ブラウスのボタンを外し、前をはだけると、いかにも慣れた手つきでブラジャーを取り去って、私はバストを剝き出しにされてしまった。さらに、前にうずくまったもう一人がスカートをたくし上げると、スルスルとストッキングとパンティをずり下ろしていき、股間の恥ずかしいアソコもあらわにされて……。

そうやって準備万端といった形になると、両脇の痴漢たちが私の首すじに熱い息を吹きかけながら、左右の乳房をムニュムニュと揉みしだき、コリコリと乳首を摘まみ、こねくり回してきた。

「……っ、んふぅ……あ、はっ……」

その豊かな経験値と確かなテクニックに裏打ちされた巧みな愛撫に、私は感じまくり、荒く甘い喘ぎをあげてしまう。

さらにそこに、うずくまったもう一人の痴漢が並走する。

指をアソコに一本、二本……そして三本と入れてゆき、中でクニュクニュとうごめかしながら、たっぷりと濡れてきたところでソコに唇を当て、トロリと溢れ出てきた濃厚な淫汁を、ズルルルルッ……と、あられもない音をたてながら啜り上げてきて！

「あひっ……ひ、ひぃ……んあぁぁっ……」

両の乳首とアソコと、トリプルの刺激がからみ合い、混ざり合い、より大きな快楽のうねりとなって私の性感を翻弄していく。

な、なんてすごい興奮なんだろう！　こんな刺激的なのって生まれて初めて！　た、たまんない……感じるぅ……死んじゃうっ！

そんなふうにとんでもなく淫らに蕩けきった私の様子を見計らったかのように、座席の背後にシンヤが立つと、私の首を後ろにひねらせて自分の剝き出したペニスを口に突っ込んできた。きつい姿勢だったけど、そのきつさが余計に虐げられた異常な興奮となって、私の快感中枢を激しく揺さぶって……！

「ああ、まり……いい、感じるぞっ！」

「ほらほら、あんたもイッちゃいな、お嬢ちゃん！」

「……んぐっ、う……うぶっ、う……んふぅぅぅ！」

押し寄せる淫靡なエクスタシーのうねりの中、私は口中にシンヤのほとばしりを受け入れながら、痴漢三点責めのオーガズムを味わっていた。

いやマジ、それはもうすごい刺激と快感だった。こんなの味わっちゃったら、もうフツウには戻れないかも……？

■彼は私の遮二無の愛撫に応え、股間のモノを硬く大きく、みなぎらせてくれて……

飢えた未亡人の身悶えをお客さんに癒してもらって！

投稿者 宗像あゆ（仮名）／35歳／美容師

私、そろそろ限界でした。

だから、あんな破廉恥なこと、しちゃったんです……。

私と夫は同じ美容師専門学校で知り合い、つきあうようになって、その後お互いに数か所の美容院に勤めて修業を積んだ末、二十九歳のときに結婚すると同時に、二人のお店をオープンさせました。まあもちろん、多少の開業費用はそれぞれの親から援助してもらいましたが、一生懸命がんばって二人でようやく摑んだ夢の結晶でした。

それから四年、いろいろと浮き沈みはありましたが、なんとか固定客もつき経営も安定し、こりゃそろそろ二号店を出す算段でもしますか？　と、あながち冗談でもない話題が夫婦の間で出るような、そんな希望に満ちた段階にまで辿り着くことができたんです。

ところが、そんな矢先のことでした。

なんと夫が、三十四歳という若さで交通事故で急逝してしまったんです。

それはもうショックでした。私は悲しみと喪失感に覆われ、夫のいない私一人の状態で仕事なんて再開する気力も湧かず、丸三ヶ月も店を閉めてしまいました。

でも、両親や多くの美容師仲間、そして誰よりも常連客の皆さんの応援と支えのおかげで、なんとか気を取り直し、若い美容師の子を一人雇ってお店を再開することができたんです。

そうやって、悲しみを振り捨てるように日々、必死で仕事に打ち込むうちに、ようやく精神も安定、気力も充実して、まだまだこれからがんばっていこうと前向きに考えられるほど、立ち直ることができたのですが……ひとつだけ、そんな気力だけでは解決できない問題が生じました。

それは……オンナとしての肉体的欲求不満です。

何せ、私と夫は人もうらやむラブラブ夫婦だったものですから、ほとんど倦怠期のようなものもなく、ずっとほぼ週一～二の割合で愛の営みを楽しみ、それなしではいられないような関係性だったんです。でも、今はもうその夫も亡く……精神的安定を回復したあとに、どうしようもないほどの肉体的飢餓感に襲われるようになりました。

一応なんとか、オナニーで最低限のガス抜きはしていたのですが、やはり夫の生身の肉感は忘れがたく……そんなある日のことでした。

営業終了の一時間ほど前でしたが、あいにくの大雨ということもあり、予約客への施術もすべて終了したあとは、いつもなら少しはいるアポなし飛び込みのお客さんも来ず、店は完全な閑古鳥状態になってしまいました。そこで私は若い子にはもう上がってもらい、残り時間は自分一人で切り盛りすることにしたんです。終業まであともう三十分を切り、まさかもう来客はないだろう……そう高をくくって。

ところが、私が一人になった直後、思いがけずお客がやってきたんです。

しかも、これが一見のお客さんだったら、私も閉店を口実にやんわりと断ったかもしれませんが、相手は常連……おまけに私が密かに気に入っている男性・横山さん（三十七歳）だったんです。断れるわけがありません。

「すみません、こんな閉店ギリギリの時間に。でも明日、急に朝からけっこうかしこまった仕事相手との面談のアポが入ったもので、身ぎれいにしておきたくて慌てて……あ、でも、無理ならあきらめますから……」

「いいえ、いいんです。どうぞ、どうぞ」

私は彼をセットチェアに導いて座ってもらうと、その希望を聞きつつ、腕によりをかけてかっこよく髪をカットしていきました。

「わあ、さすがあゆさん、バッチリっすよ！　我ながら惚れ惚れしちゃうなあ」

「うふふ、何せモデルがいいですからね」

「いやあ、あはは、ほんと上手だなあ、あゆさんたら……」

などとお互いに軽口を交わしつつ、頭を流そうと、今度は彼をシャンプー台のほうに導き、座ってもらいました。すると、目の前に横たわった横山さんを見ているうちに、何やら形容しがたいモヤモヤ、ムラムラした感覚が、私の中に湧き上がってきたんです。しかもそれは心ではなく、カラダのほうで……。

「はい、じゃあ流しますねー。お湯、熱くないですかー？」

と、いつもどおりに声をかけながらも、見る見る鼓動は激しくなり、体中が火照ってきました。なんだかもうたまりません。

私は彼の髪を洗いながらも、いつも以上に上体をかがめ、彼の胸に自分の胸が触れるほどに近づけました。そうやって洗髪で手を動かすうちに、その体の振動が胸元にも伝わると、私の薄いブラウスとブラジャー、そして彼のYシャツ一枚を隔てた状態で、えも言われぬ甘い感触が乳首を震わせてきて、私はますますたまらない気分になってきてしまいました。

改まって接触する横山さんの体は、思いの他たくましくて、その胸筋の盛り上がりから発せられる熱くて硬い肉感が、ビリビリと電気のように私の乳首から乳房へ、そして下半身の秘密の茂みへと伝わっていくようで……。

そんな私のおかしな様子に、横山さんも気づかないわけがありませんでした。

「あゆ……さん……？」

少しとまどいながらも、私が放つ淫らなオーラを感じ取ったようでした。そろそろと両手を上げると、下から私の胸に触れてきました。

「……あ、ああっ……」

思わず喘いでしまいました。

そして同時に、それまで抑えに抑えていた性の欲望が一気に炸裂してしまったようで……私は、まだ濡れた彼の髪なんか放り出して、おもむろに口づけし、激しくむさぼってしまいました。

「……はぁ、はぁ、はぁ……よ、横山さん、あ、あたし……もう……！」

そう口走りながら、さらに彼の股間に手をやり、スラックスの上から荒々しく撫で回し、揉み立ててしまいます。

「あゆさん……いいんだ。大丈夫だよ……」

ひと通りの私の経緯を知っている彼は、急に独り身になったその苦しみを理解してくれているようでした。そして私の遮二無の愛撫に応え、股間のモノを硬く大きく、みなぎらせてくれました。

「ああん、すごい……横山さんのこれ……舐めたいっ！」

私はそう言うと、無理やりセットチェアによじ登り、横山さんの体にしがみつくような恰好でシックスナインの体勢をとりました。そして彼のスラックスのジッパーを下げて中から、本当に久しぶりに接する男の肉棒を取り出し、飢えた牝犬のようにしゃぶり始めました。

「……んあっ、はぁ……んじゅぶ、んぶ……っはぁ……ああ、おいひいわぁ！」

「くうっ……あ、あゆさん、そ、そんなにされたら、オレ……！」

彼は私の激しいしゃぶり立てに悶え、ビンビンにモノを膨張させながら、自分も負けじと私のジーンズとパンティを膝の辺りまでずり下ろして、首を上げてあらわになった股間の秘部に喰らいついてきました。もちろん、そこはとっくの昔にもうベチョベチョのドロドロ、溜まりに溜まった大量の淫汁を溢れさせ、垂れ流しながら、彼の口戯に応えてますます淫らに蕩けてしまいます。

「んあふぅ……ぐふぅ、ううっ……ん～っ、んぐぅぅ……！」

「ああ、はぁ……あゆさんっ……う、うぐぅ……」

彼も、私が竿をしゃぶりながら、同時に玉も揉み転がすものだから、その快感に昂る一方みたいで、モノは極限まで勃起し、先端からはダラダラと透明な先走り汁を溢れさせています。

「あぁっ、も、もうダメだっ……限界っ！」

彼はいきなりそう叫ぶと、身を起き上がらせつつ姿勢を変え、器用に私と上下逆の体勢になりました。今度は私がセットチェアに寝そべり、そこに上から横山さんが覆いかぶさる格好です。

「ああ、よ、横山さんっ……」

「いいんだね？　本当に挿れて……？」

彼の改めての問いかけに対して、私は大きくうなずき、すると彼は私の下半身を剝いてしまい、自分も下を脱ぎ去りました。そして、剝き身の日本刀のようにギラギラと淫らな殺気を放つ肉刀を振りかざすと、一気に私の肉びらを押し広げ、刺し貫いてきたんです。

「……ひっ、ひあぁ……あっ、あ、ああ……んあ〜〜〜っ！」

ズンズン突いてくる、その一気呵成のピストンの迫力と肉感に、私は恥も外聞もなく喜悦の悲鳴をほとばしらせ、自らも下から腰を跳ね上げるようにして、より深く結合しようと、もう無我夢中でした。

「……あっ、ああ、ああ～～～～～～～～っ！」

そうやって一回、二回とイき……でもまだイき足りません。三回目にイったあと、ようやく自身の性感のクライマックスが迫ってきたのを感じました。

「ああ、あゆさん……オレももうイクよっ……う、ううっ！」

「ああん、きて、きて、きてぇ～～～～～っ！」

彼の放出とともに、私は遂に最後の絶頂を迎え、ビクンビクンと何度も大きく身を震わせながら、文字どおり昇天してしまったのでした。

「あの……もしよかったら、これからも、その……美容師じゃなく、オンナのあたしに、逢いに来てくれますか？」

帰り際に私がそう言うと、横山さんは振り向いて、うなずきながらやさしい笑みを返してくれたのでした。

■おじさんはTシャツをまくり上げて私の乳首に吸いつき、チュウチュウペロペロ……

気分爽快サイクリングが一転、とんでもHハプニング!

投稿者　須崎架純（仮名）／27歳／OL

その日は仕事も休みで、ポカポカとあったかい春の陽気に誘われて、住んでるマンションの近所にある自然公園までサイクリングに行ったときのこと（といっても、ママチャリですが）。キモチいいハプニングに遭遇しちゃいました。

そこは小高い丘のようになった広い敷地内に、周囲のふもと一帯に広がる形で公園になっているところで、その中にちょっとしたサイクリング・コースがあるんです。勾配もあまり急じゃないので、本格的なスポーツサイクルじゃなくても、ママチャリでわりと楽に走れるわけです。

ちょうど例の感染症による蔓延防止宣言が出ている最中なので、きっと人出もあまりないだろうと踏んで、も～のすごいラフな格好……上は半袖Tシャツに薄手のパーカー、下はホットパンツという軽装かつ、もちろん窮屈なのでノーブラという、なかなか大胆ないで立ちで行ったのですが、案の定、来園客もまばら。私は周囲の人目を気にすることなく、気持ちよく軽快にペダルを踏みました。

ところが、スイスイとママチャリを走らせてる前方に、いきなり子供が飛び出してきたもんだから、私はそれをよけそこねて思わずハンドル操作を誤り、コースを外れて脇の深い茂みの中に突っ込み、ものの見事に転倒しちゃったんです。

「あいて〜……」

幸いママチャリに損傷はなかったものの、私はしたたかに地面に膝を打ちつけてしまい、そのあまりの痛みに歩くことができなくなっちゃったんです。

（うわ、やばいな〜……誰か通りかかって助けてくれないかなあ……）

そう思い、しばらく茂みの陰から周囲の様子を窺っていると、ラッキーなことに、アラフィフぐらいに思われる、なかなか引き締まった体型のおじさんが、こちらのほうに走ってくるのが見えました。

私はおじさんが茂みの近くに来るのを待ち受けてから、声をかけました。

「すみませーん！　ちょっと助けてくれませんかー？　ケガして動けなくなっちゃったんですぅ」

すると、おじさんはすぐにその声に気づいて茂みに歩み寄ってくると、ガサガサと枝葉を掻き分けて、倒れたママチャリの横でうずくまってる私を見つけてくれました。

「おやおや、これは災難だねえ。うわ、その膝、痛そうだねえ。こりゃ早く手当てしないと、黴菌が入っちゃうとちょっとやっかいだよ」

おじさんは私の傍らにひざまずき、ケガの状態を見ながらそう言いました。その格好だと、この茂みの中に大の大人が二人もいるなんて誰も思わないことでしょう。まさに周囲の視線からは死角の状況でした。

「お願いします。私のことおんぶして、病院まで運んでくれませんか？」

私は藁にもすがる思いで、そう懇願しました。

でも、おじさんは思わぬ交換条件を出してきたんです。

「そりゃまあ、僕は日頃足腰を鍛えてるから、きみをおぶって運ぶくらいわけないけど、何の見返りもなしっていうんじゃねえ……幸い、僕、いつもゴム持ち歩いてるから、セーフティSEXでちょっとお相手してくれない？　そしたら助けてあげないでもないよ。ねえ、どうする？」

まったく、人の弱みに付け込んで、とんでもないオヤジです。

私は「ふざけるな！」と思いましたが、周囲を見回してみても、他に助けてくれるような人はまるで見当たらず……どうやら選択の余地はないようでした。うかうかしてて、傷口が化膿したりなんかしたら、目も当てられません。

こうなったらもう仕方ありません。

「わ、わかりました。そちらの好きなようにしてください。そうしたら、本当に助けてくれるんですよね？」

「武士に二言はない！」

武士がこんな卑劣なことするかよ！　と、相手の答えに心の中でツッコミを入れつつ、私の腹は決まりました。コンドーム使ってくれるって言うし、ちょっとだけガマンしよう。まあ、私も処女ってわけでもないんだし。

交渉成立ということで、おじさんは鼻息を荒くして私ににじり寄ってきました。耳朶の辺りに熱い息を吐きかけながら、ホットパンツから伸びたナマ足をさすさすと撫で回してきます。

「う～ん、たまらん……スベスベのピチピチできれいな肌だねえ。象みたいにシワシワ、ごわごわのうちの古女房とは大ちがいだ」

嬉しそうにそんなことを言いながら、今度は私のナマ足に舌を這わせてきました。まるでナメクジが這いまわるようなヌメヌメとした感触に、最初は気持ち悪くてたまりませんでしたが、だんだんとそれが心地いいものに変わってきました。特に内腿を股間のほうに這い上るようにヌメってくるその感触は、ゾクゾクとした興奮を伴って私の性感に響き、思わず昂ってしまいました。

そんな私の様子を愉しみつつ、おじさんは私の上半身をまさぐってきて、ノーブラであることに気づくと、舌なめずりせんばかりにイヤラシイ表情になりました。

「キミねえ、いくらなんでもスポーツブラぐらいつけてきなさいよ。これじゃあ最初からヤられに来てるみたいなもんじゃないか……このインラン娘が」

へんな言いがかりやめてください！　と言いたい気持ちでしたが、おじさんの巧みな愛撫にさらされて快感に呑み込まれていくうちに、そんな気力もなくなり、

「う……ん……は、あぁ……」

自分でも恥ずかしくなるような喘ぎしか、喉から出てきませんでした。

「よしよし、じゃあこっちの可愛い突起も舐めてあげるからね」

おじさんはそう言いながら、Tシャツをまくり上げると私の乳首に吸いつき、チュウチュウペロペロと吸い、舐めてきて、私はたまらず身をよじって、悶え感じるしかありません。

「んあっ、はぁ……あ、あうん……」

「よしよし、こっちも準備万端らしいぞ」

おじさんは、私のホットパンツの裾の脇から指を突っ込んで、股間の濡れ具合を確

認すると、スルスルとパンティともども引きずり下ろし、私は下半身を丸裸にされてしまいました。そして、待ってましたとばかりに、おじさんは自分でもジャージズボンと下着を脱ぎ去り、なかなか立派に勃起させたペニスを私に見せつけてきました。

「よし、じゃあちゃんとゴムつけるからね」

そう言い、コンドームをそれに装着すると、いよいよ私の股間にあてがい……グッという力感とともに、一気にインサートしてきました。

「……んあっ、あ……あん、あっ……！」

「おおっ、いいぞ！　締まる！　ああっ、いいオマ◯コだっ！」

「あん、あん、あっ……あ、ああっ……！」

「ううっ、う、たまらんっ……で、出るっ……！」

ものの五分とかからずにおじさんは達してしまいましたが、私もけっこうしっかりと感じさせてもらいました。

その後、約束どおりにおじさんは私をおぶって病院まで運んでくれて、大事には至りませんでした。

とんでもないけど、キモチいいハプニングでした。

第二章

淫らに凌辱されたい女たち

■アタシはフェラチオしながら課長のアナルに指を突っ込んでえぐり回して……

一年の時を超えた不倫エクスタシーの波に呑まれて

投稿者 森香澄（仮名）／29歳／OL

彼がいなくなってからのアタシは、ほんともうヌケガラ状態だった。

何を食べてもおいしくないし、何をしても楽しくない。何に対しても一生懸命になれないし、そして何といっても他の誰も好きになれなかった。

そのくらい、アタシは竹下課長（三十五歳）のことを愛してた。

もちろん、独身のアタシに対して課長は妻子持ちで、完全な不倫の関係。先々のことを考えれば、もうひたすら不毛なだけ。そんなことイヤというほどわかってたんだけど、でも、どうしても別れられなかった。

とにかく、たとえこれっぽっちも未来がなくたって、ずっと課長のそばにいられれば、それだけでいいって思ってたのよね。

だから、そんなとき突然告げられた、課長の転勤の知らせはそりゃもう大ショックだった。それも近所ならいざ知らず、電車で優に五時間はかかるであろう遠方とあっては、毎週末に気軽に顔を見に行くというわけにもいかない。

そうして、アタシの失意と落胆、そして無気力の日々は丸一年続いたわけ。

で、それから一年後、晴れて課長の転勤期間が明けて戻ってきてくれることになったときは、天にも昇るような嬉しさだった。ぶっちゃけその間、アタシ、オナニーすらしなかったのよね。課長相手以外に絶対に気持ちよくなったりしないぞ、って、変な操の立て方しちゃって。

つまり、一年間の欲求不満を溜めに溜めて、手ぐすね引いて、アソコを愛液でパンパンに膨らませながら、課長との長の邂逅を待ち構えたというわけ。

一年ぶりに本社に出社した課長は、その日の夜にアタシの一人暮らしのワンルームマンションに来てくれることになった。

アタシはいそいそと定時の五時半に退社し、六時半に帰宅すると部屋の隅々まできちんと掃除して、たっぷり一時間半お風呂に入って全身を磨き上げた。もちろん、一番熱心にケアしたのはオマ○コね。いや〜、ボディシャンプーで洗ってるうちにもムラムラ、ヌレヌレと兆してきちゃって、ふと油断するとイッちゃいそうでヤバかったわ。そんなの、一年間ガマンした努力が水の泡よね？

そして夜の九時すぎ、本社復帰祝いの宴席を終えた課長がアタシの部屋にやって来てくれた。

「ただいま、香澄……～～～～～～っ！」

「う～～～～～～～～んっ！」

玄関ドアを開けた課長が靴を脱ぎ、室内に足を踏み入れるや否や、アタシはその体に飛びついて首っ玉にしがみつき、強烈なキスをかましてた。唇をこじ開け、舌と舌をからみ合わせると、まるで魂まで吸い出さんばかりの勢いで唾液を激しく啜り上げ、飲み尽くそうとして……溢れ出し混ざり合った二人の唾液がダラダラとこぼれ落ち、服の襟を濡らし汚そうともまったくかまわなかった。課長のYシャツは知らないけど、アタシが着てるTシャツは、これから始まる愛欲まみれの饗宴までのためのつなぎの着衣にすぎない。どうなってもかまわないもの。

「はぁ、はぁ、はぁ、課長……ああ、会いたかった！」

「か、香澄……そ、そんなに焦らなくても……」

「いやっ！　課長のことは知らないけど、アタシは課長のために一年間ガマンし尽くしたのよ！　一分一秒だって無駄にしないわっ！　課長のこと、愛して愛して愛しまくってやるんだからっ！」

とまどい気味の課長をその場に立たせたまま、アタシはひざまずくとベルトを外してスラックスと下着を足首まで引きずり下ろし、彼の性器を剝き出しにした。そしてそれを手にとり、しばし頰ずりして愛おしんだあと、まだ柔らかいペニスの先端を口に含んだ。亀頭をチュバチュバ、レロレロと舐め回ししゃぶりたてながら、手で玉袋を摑んで中の固形をコロコロと転がすように弄び愛撫してあげる。

「……う、うう……か、香澄……っ……」

「どう？　奥さん、こんなことしてくれる？　ここまで気持ちよくしてくれる？」

アタシはあえてそんな、ベタな不倫女のセリフを吐きながら、さらに玉袋を口内でクチュクチュ、コロコロと可愛がりつつ、だんだん勃起して力感を持ってきたペニスを手でしごいてあげる。先端から粘ついた液が滲み出し、手にからみついてくるのがわかる。

「あ、ああ……いいよ、香澄……き、きみが一番だ……っ」

ふん、ウソつき！

でもいいの。ほんとアタシ、たまに課長とこうしていられるだけで満足なの。

それからアタシは課長をベッドまで連れていき、二人お互いに裸になった。アタシはもっと一方的に課長のをしゃぶり、味わいたかったんだけど、課長が相互プレイを望んだもので、それに従ってシックスナインへとなだれ込んでいった。

アタシが上になり課長が下になって、お互いの性器をむさぼり合う。

アタシは今日のために爪を短く切り、ジュボジュボとフェラチオしながら課長のアナルに指を突っ込んでえぐり回してあげる。課長自身の先走り液とアタシの唾液が混ざり合った淫液がソコまでしたたり落ちて適度なぬめりを生じさせ、痛みはほとんどなく、刺激された前立腺はキモチいいはずだ。

「あ、ああっ、か、香澄……す、すごいっ……最高だ……最高に感じるよ！」

アタシの淫らなハイテクプレイに悶絶しながらも、課長のほうも必死でオマ◯コを可愛がってくれて、こっちももうキモチいいことこの上ない。

「はあっ、ああ……か、課長……んん、あふぅ……」

課長の肌にこすられて刺激されビンビンに固く尖った乳首と、しゃぶり吸われまくられてグジョグジョに蕩け乱れたオマ◯コの快感が合わさり、アタシの性感もだんだん限界に近づいてきた。

そろそろ一回目のオーガズムを味わわせてもらおうかしら。

そう思ったアタシは身を起こすと、仰向けになった課長の上にまたがり、腰を下ろしながら上からズブズブと勃起ペニスをアソコで呑み込んでいった。恋い焦がれた太い肉根がアタシの中をいっぱいにして、リズミカルに腰を上下動させるたびに、ズンズンと突き上げてくる。

「あぁあっ！　はあっ……あん、課長、いい……あっ、あああ～っ！」

「はぁはぁはぁ……うう、締まる……香澄、オマ○コ締まるよ～っ！」

せり上がってくるエクスタシーに翻弄されながら、アタシはますます大きく腰を跳ね上げさせると、同時に膣をきつく締めて課長を追い込んでいった。より固く大きく膨張したそのペニスに突き上げられながら、アタシはいよいよやってきたオーガズムの嵐に身をまかせ弾け散り、絶頂の海に沈み込んでいく。

「あ、あああ……あ～～～～～～～っ！」

「ううっ……か、香澄……イク、イクよ～～～～っ！」

一年間の雌伏のときを超えて、二人同時にイキ果てた。

やっぱり、課長とのセックスって、ほんとサイコー！

でも、夜は長い。

まだまだこれからよ。

■彼の肉体のパワーとエネルギッシュなピストンの凄さは、死んだ夫の比ではなく……

夫が死んだ心とカラダの空白を激しい性愛で慰められて！

投稿者 佐川明穂（仮名）／36歳／無職

愛する夫が突然の交通事故で他界してしまったのは、ほんの一ヶ月ほど前のことです。横断歩道を渡っているところを信号無視の車にはねられ、全身を強く打っての即死でした。もちろん、少しでも生きていてほしかったのはやまやまですが、今思えばほとんど苦痛を感じることなく逝ってしまえたのは、ある意味よかったのかもしれません。おそらく何が起こったのかすらわからない状態だったでしょう。

いうまでもなく事故の責任は百パーセント向こうのドライバー側にあり、私は多額の保険金と慰謝料を手にすることになりました。おそらくはこの先何年も働かなくても余裕で暮らしていけるくらいの。

でも当時、夫を失った悲しみと寂しさは、そんなもので癒し埋められるような生易しいものではありませんでした。子供のいなかった私たち夫婦が暮らしていた２ＤＫの賃貸マンションはいきなりその住人の一人を喪い、がぜんガランと広く虚ろに感じられる家の空気はつめたく冷えきり、痛いくらいに私の肌を刺し、残酷なまでに私の心をえぐりました。

そしてもうひとつ。

本当に深く心身ともに夫のことを愛していた私は、心に負けないくらい体にも大きなダメージを受けて……夫に愛されることのなくなった肉体の、性の飢えと渇きに悶々ともがき苦しんだ挙句、おかしな形に歪んでしまったのです。

それは、二日に一回はオナニーに耽り、自らの指で慰め、たぎり狂う性欲を抑えずにはいられなくなってしまう……そんな生きものになるということ。もう理屈じゃありません。体の奥底から突如噴き出し燃え上がる、恐ろしいほどの欲求を何とか解消しないことには、他の何も手につかなくなってしまうのです。

そんなわけで、私はその日も家に引きこもり、寝室のベッドの上に横たわっていつもの自慰行為に耽っていました。下半身だけ裸になり、両脚を大きく左右に広げて自らの指で股間を掻きむしって……。

「んあっ、あ、ああ……あふ、うう……ああ、あなた、あなた……なんで死んじゃったのお？　ねえ、早く帰ってきてよぉ！　帰ってきて前みたいに私のことをいやというほど可愛がってよお！　……んあっ、あ、ああっ……！」

そう喘ぎながら、あとからあとから愛液を噴き出させ柔らかな肉ひだを濡らし震わせる淫らなアソコに、指を一本、二本……いや、三本と突っ込み、大きく掻き回し深くえぐりほじくって、徐々に燃え上がり昂ってくる性感に身をまかせ、ああ、きた、きた……イキそうよ、あなた……っ！

と、極まりそうになった、まさにそのときでした。

玄関チャイムが鳴って来客を告げたのは。

アポをとった相手などいないので、どうせ荷物の配達かセールスのたぐいだろうと思った私は、かまわず行為を続けようとしたのですが、訪問者はあきらめることなく相変わらずチャイムは鳴り続けるばかりで……さすがに降参です。

私は泣く泣く行為を止め、とりいそぎスカートだけを穿いて玄関へと向かいました。荷物の受け取りにしろセールスにしろ、受領するか門前払いするだけなのですぐ済むだろうとたかをくくり、パンティは穿きませんでした。ぐっしょりと濡れ乱れた陰部の分泌物でパンティを汚したくなかったのです。

そして玄関ドアの覗き穴から訪問者を確認した私は驚きました。

なんと、かつて夫の同僚だった三宅さんだったからです。中・高・大と柔道をやっていたという彼は、そのいかつい体をスーツに包み、花束を持ってドア前にたたずんでいました。もちろん、私は即座にドアを開けました。

「ど、どうしたんですか、三宅さん⁉　いきなりいらっしゃるなんて！」

「いや、ほら……俺、お通夜には来れたけど、やむにやまれぬ出張で告別式には出られなかったじゃないですか？　で、今日やっと余裕ができたんで、せめて仏前にお線香をあげたいと思って会社を抜け出して来たんですよ」

「それはどうも……でも、事前にご連絡いただければ、もっとちゃんとお出迎えできたのに……」

「いいんですよ。俺も急に思い立って来ちゃったもんだから……でも、噂で奥さんがずっと家に引きこもってるって聞いたもんだから、きっと家にはいるだろうと思って。とは言え、あんまりチャイム鳴らしても出てこないから、ちょっと不安になっちゃいましたよ、ははは」

そんなやりとりをしたあと私は三宅さんを家に上げ、まだ納骨していない骨壺の入った木箱と遺影を置いた六畳の和室に導きました。彼は献花用の花束を私に渡すと、その前に正座してお線香をあげ、手を合わせてくれました。

そのあとお茶を出し、彼の前に正座した私でしたが、いかんせん話が弾みません。なにしろ彼とはこれまで二回ほどしか会ったことがなく話しの糸口が摑めず、彼のほうも武骨な体育会系で口べたなほうらしく、双方黙ったままの居心地の悪い時間が過ぎ……私はとりあえず、新しいお茶を入れ直すために立ち上がり、キッチンに向かおうとしました。

するとそのとき、三宅さんは驚くべき行動に出てきたのです。

彼は私の下半身にタックルするように掴みかかると、そのまま畳の床の上に押し倒してしまったのです。

「ひっ……ひあっ！　ちょっ……な、何するんですか！　やめてっ……！」

必死で抗おうとした私でしたが、それに応えた彼の言葉に愕然としました。

「奥さん、さっき立ち上がったとき、太腿を何かが流れ落ちるのを見ましたよ！　あれ、オマ〇コ汁でしょ？　どうせ俺が来る直前まで自分でスケベなことしてたんでしょ？　顔を見た瞬間、何かおかしいって思ったんだ！　どこか上気したような、惚けたような潤んだ目で……大方、あとちょっとでイけたところを、俺のおかげで邪魔されちゃったとか……？」

ず、図星だわっ……！

私は動揺しながらも、なおも声を張って抵抗しました。

「へ、変な言いがかり、やめてくださいっ！　け、警察呼びますよっ！」

が、彼はかまわず今度は私のスカートの奥に手を突っ込んできて……！

「ああっ！　ほらっ、やっぱりノーパンだ！　案の定、ダンナがいなくなって寂しくて、ついさっきまでオナニーしてたんですね⁉　ほらほらっ、オマ○コ、グチョグチョのヌルヌルだあっ！」

その野太い指で私のアソコをえぐり回しながら、すぐ耳元でがなり立てます。

「あっ、あ、ああ……だ、だめっ、や、やめてぇっ……あ、ああっ……」

そのたくましい体全身でのしかかられ、熱く荒い息で耳朶をなぶられながらアソコをこれでもかと刺激されて……いつしか私は抵抗する気力をなくし、押し寄せる快感の波に呑み込まれていってしまいました。

三宅さんは私のブラウスの前をはだけブラジャーを剝ぎ取り、あらわになった乳房の谷間に鼻先を突っ込み、そのまま全体をねぶり回しながら、言いました。

「奥さん、最初に一目見たときから、奥さんのことが好きだったんだ……ずっとこうしたいって思ってた……ダンナからのろけられるたびに、どれだけ口惜しく、嫉妬に狂ったことか……！　でも、今やっと思いが叶う！　ああ、奥さん、奥さん……っ！」

まさか知らぬ間に、そこまで激しく想われていたなんて……！

いつしか私は彼の熱情にほだされ、無理やりこじ開けられたカラダに続いて心も開き、相手のことを愛おしく思えるようになっていきました。

「ああ、奥さんっ！　はぁはぁはぁ……っ！」

三宅さんはますます昂りながら自らも服を脱ぐと、そのたくましい胸板を見せつけながら体を下にずらしていき、今度は私のアソコを口でとらえ、寝た子を起こされたように再び蕩け乱れた肉ひだをこれでもかと舐め吸ってきました。ジュルジュル、グチュグチュ、ヌブヌブ……！

「……ああっ、ああ！　ひあぁっ、あ……んあふぅ……！」

そして私はとうとう、彼の想いに真正面から向き合い、応えていたのです。

すっかりいきり立ったそのたくましい肉棒を手にとると激しくしごき、そのまま自分から動いてシックスナインの体勢になり、今度は咥え込んであげて。

「あぁっ……奥さんっ……う、うれしいですっ！」

感極まったように言うと、彼もますます激しく私のアソコを舐めむさぼってくれて。そうやってたっぷり二十分ほどもお互いの性器をしゃぶり合ったあと、いよいよ私たちは合体しました。

ペニス自体の大きさはもちろん、三宅さんの肉体のパワーとエネルギッシュなピストンの凄さは、死んだ夫の比ではなく、私はこれまで味わったことのない快楽の大きさに翻弄されるばかりでした。

「あ、あ、ああっ、あ……ひ、ひいっ……んあぁ〜〜っ！」

「はぁ、はぁ、はぁ……奥さん、奥さん、奥さん……ああ、さ、最高だっ……！」

お互いが口走る喜悦のセリフがぜん熱を帯びていきました。

そして……。

「ああ、あ……も、もう出そうです……お、奥さんっ……！」

「あ、あたしもっ……あたしもイクわっ……あひ、ああああっ！」

彼はそのまま私の胎内にドクドクと精を注ぎ込み、私もそれを胎奥深くで受け入れながら、気絶せんばかりのオーガズムを味わっていました。

それから三宅さんは週に一度は訪ねてきてくれて、私たちは愛を交わし、その関係性は徐々に深くなっているように思います。

三宅さんは独身です。

いつか私たち、結婚するときが来るのでしょうか？

それはまだ神のみぞ知る、です。

■ラブホの部屋に入ると、僕は手錠をしたまま彼女にズボンとパンツを脱がされ……

ミイラとりがミイラ?・痴漢摘発転じて思わぬ極上快感体験

投稿者 木村弘樹(仮名)/37歳/会社員

いやー、あんなエロ漫画みたいなこと、本当にあるんですね～。びっくりしたけど、チョー気持ちいい体験のすべてをお話ししたいと思います。

その日の朝、僕はいつもどおり満員の通勤電車に乗っていました。と、いつの間にかすぐ横に、すげーかわいい女の子がいることに気づいたんです。年の頃は二十代前半くらい? 春らしい華やかでおしゃれな私服を着ていたんで、はっきりとはわかりませんが、OLか、ひょっとしたら大学生?

とにかく、めちゃくちゃ僕の好みのタイプだったんです。

しかも、実は痴漢の常習犯の僕にはわかりました。

こういう子は痴漢されても、絶対に大声をあげて被害をまわりに訴えたり、拒絶できないシャイっ子タイプだ。これまでに優に百人近くの相手に痴漢してきた僕の経験が、頭の中で自信を持って明言しています。

このあとまた向き合わざるを得ない、いつもの灰色のつまらない会社での一日を少しでも明るく晴らしてくれる、まさに絶好のターゲットだ！

僕は、いやでも歪んでしまうイヤラシイにやけ顔を精いっぱい抑えながら、手を彼女の臀部に当て、ピンク色のスカートの上からお尻の割れ目の部分に沿って、上下にスイスイとさすり動かしました。

よし、案の定、いやがらないぞ。

いよいよ確かな自信を得た僕は、善は急げ（？）とばかりにさらに行為をエスカレートさせ、スカートの裾から内部に手を忍び込ませると、ストッキングごとパンティをこじ開けて、ナマ尻にタッチしました。その柔らかく、かつ手に吸いつくようなしっとり感は、まさに若さゆえの極上品！　僕はがぜん舞い上がってしまい、スーツの下で自分の股間を固く膨らませながら、指を彼女のナマ尻の割れ目へと滑り込ませていきました。

さあ、た～っぷり濡らしてあげるよ～！　……そうほくそ笑みながら。

ところが、次の瞬間、思わぬ事態が僕を襲いました。

かすかにカチャン、という音がしたかたと思うと、何か金属らしきものが僕の手首に嵌まる感触が……！

驚いて下を見てみると、なんと僕の手首にかかっていたのは手錠でした。それもいかにもオモチャというようなちゃちなものではなく、かなりしっかりした造りの代物で、そう簡単に外せそうにはありません。

と、何がなんだか呆然としている僕の耳元で、彼女が低く囁くように語りかけてきたんです。

「捕まえた、痴漢の現行犯。絶対に逃がさないわよ」

マ、マジかっ……！　絶対安パイだと思った僕の見立てはとんだ大まちがいで、こいつ実は、その真逆のタイプの女だった！　し、しくじった……！

その瞬間、僕の頭の中では、このまま何の申し開きもできず駅員に突き出され、やってきた警察に連行された挙句、会社はクビになり妻にも離婚され……という、人生が終わってしまうシミュレーションが走馬灯のように展開しました。

万事休す……！

ついにそう観念した僕でしたが、続けて彼女が僕に囁き語ってきた内容は、あまりにも意外な内容だったんです。

「これからホテルに行ってエッチしてくれたら、痴漢のこと見逃してあげる」

それは、これってひょっとしてドッキリか⁉　と、にわかには信じがたい申し出でしたが、おそるおそる彼女の顔を窺うと、どうやら本気のようで……。

「ねえ、どうするの？　エッチする？　それとも、このまま警察行きたい？」

そう畳み掛けられ、もう僕には選択の余地などありませんでした。

まわりからはわからないように、彼女に手錠を嵌められて引っ立てられる格好で、僕は次の駅で降ろされ、数分歩いたところにあるラブホに連れていかれたんです。

そのときの僕の胸中はといえば、ああ、会社への無断欠勤の言い訳、考えなきゃなあ……という、なんともマヌケなものでした。

ラブホの部屋に入ると、手錠をしたままズボンとパンツを脱がされ、裸の下半身剝き出しという情けない格好でスマホで写真を撮られました。どうやらとことん僕の弱みを握って、後々仕返しとか、ヘンな真似をさせないつもりのようでした。

僕はすっかり観念してしまっていました。

とにかくおとなしく彼女のいうとおりにしよう。そもそもの話、罪に問われ社会的制裁を受けるのは僕のほうなんだから、と。

「じゃあ、さっさとシャワーで体洗ってきてちょうだい。あなた、見た目はしゅっとして清潔そうだけど、よりきれいなのに越したことないもの」

彼女の言葉に僕は言われたとおりにすると、右手に手錠は嵌められたまま、バスローブもタオルも使わない全裸の姿でベッドルームへ戻ってきました。それもまた彼女の指示だったからです。

彼女のほうもすでに服をすべて脱ぎ、ベッドの上に全裸で横たわって待ち構えていました。

「さあ、私のオマ○コ、舐めてちょうだい。じっくりたっぷり、ていねいに……私がもういいって言うまで、やめちゃだめよ？」

僕はうなずくとベッドに上がり、彼女の前に行ってその両脚に手をかけました。そして左右に徐々に大きく開いていくと、いやらしい赤肉をテラテラと光らせた彼女のオマ○コがパックリと口を開きました。口では冷静な命令口調を装いながら、その実、彼女のほうもすでにそれなりに興奮し、性感を昂らせているようでした。そこに顔を近づけていくに従って、テラテラと光っていたのは彼女が分泌させた愛液だと明らかにわかってきました。

僕はオマ○コの左右の両縁を手で押さえ、クイッと力を入れて開かせると、そこにゆっくりと舌を差し込んでいきました。ツプ、ヌプヌプ……と肉ひだに舌先が沈み込んでいき、淫蜜のえも言われぬ甘みを感じました。それをすくい舐めるように舌をクネクネとうごめかすと、

「……あっ、あ、あん……んくぅっ……ふう……」

と、彼女が悩ましく喘ぎ、腰を妖しくくねらせました。

その様があまりに官能的で、僕はあっという間に勃起してきてしまいました。でも、ギンギンと痛いくらいに激しく脈打つそれをどうにか抑えつけながら、なおも僕は無我夢中の思いで彼女のオマ○コを愛し続けました。

クリトリスをコロコロと舌先で転がしながら、チュウチュウと吸い上げ、より一層鮮やかな赤色を発しながら艶めく肉びらをビシャビシャと舐めしゃぶり、トロトロにぬかるんだ肉壺の奥に舌先を突っ込んで、えぐり掻き回して……。

「んはぁっ、ああっ……いひぃ！　んあ、あ、あう……か、感じるぅ……んあっ、はぁ……んふぅ……もっと、もっとぉっ！」

僕にオマ○コを責められながら、彼女は自ら左右の乳首をいじくり、その喜悦の喘ぎは天井知らずに大きく激しく高まっていきました。僕のほうもそのエロすぎる痴態に煽られるようにペニスが荒ぶり、ほぼ限界いっぱいまで勃起してしまい、まさに苦痛を覚えるほどでした。

「はぁはぁはぁはぁ……ああん、もうダメ……ねえ、きてっ！　そのカチンコチンにみなぎった大きなチ○ポ、私のここに突っ込んでぇっ！」

性感極まった彼女がついにそう叫んだとき、僕は待ってましたとばかりに勃起ペニスを振りかざすと、狙いを定めて彼女のオマ◯コに突き入れていました。熱くトロトロに蕩けながらも淫膣は僕を強烈に締めあげ、力いっぱい腰を振って抜き差しを繰り返すたびに怖いくらいの快感が襲いかかってきました。

「あ、ああっ！　す……すごいっ……くうっ、んぐ……」

「んあぁっ！　ああ、いいわぁ！　……イク……イクのぉっ！」

僕と彼女はほぼ同時に最初のクライマックスを迎え、しばしの休息のあと、続けてもう二回セックスして、ようやくフィニッシュとなりました。

最後にようやく彼女は、どうしようもなく性欲の高まったときに今日のように罠を仕掛けて痴漢を誘い、自らが性的満足を得る道具として利用しているのだと説明してくれました。

最初に手錠を嵌められたときはこの世の終わりみたいに思いましたが、結果として僕のほうも思わぬ極上の快感を得ることができたというわけです。

ね、マジ、エロ漫画みたいな話でしょ？

■私は亀頭をずっぽりと咥え込み、同時に竿を猛スピードでしごいてあげて……

市民プールのシャワー室でイケナイ口淫プレイに溺れて

投稿者　阿川麗（仮名）／31歳／専業主婦

私には、と～ってもイケナイ病気があるんです。

それはチ○ポしゃぶりたい病。

ちょうど今のこの季節、四月から五月の春～初夏にかけて、毎年ムラムラ湧き起こっちゃうエロ～い病気で、とにかく手当たり次第にいろんなチ○ポをしゃぶりたくなっちゃうっていう、今のところ不治の病なんです。

いや、ほら、ダンナのチ○ポなんて、もう今年で結婚四年目……すっかりしゃぶり飽きちゃって……ねえ？

え、でもそんな、ダンナ以外の男のチ○ポなんて、どこでしゃぶるのかって？

それがね、い～い場所があるのよ～、これが！

それは、うちの近所にある屋内市民プール（温水）。まだできてから二年ちょっとっていう、新しくてきれいな施設なんだけど、ここが私にとって絶好の狩場なの。

ここのポイントは、シャワースペースが広くて、その中にプライバシーの守れるシャワー個室が十部屋もあるってところ。もちろんちゃんと男女別にはなってるんだけど、入口のチェックは甘くって、その気になれば女だって簡単に男子用シャワールームに入り込んで身を潜められるっていう。当然、その逆もまた然り、なんだけどね。

で、私、建物全体のエントランスのソファで何食わぬ顔でスマホなんか見るふりしながら、入ってくるプール利用者の男性に目を光らせるわけ。顔はもちろん、体格や、肝心のアソコのたたずまい（たとえ服に隠れてても、そこはかとない膨らみや雰囲気で、なんとなく大きさとかわかったりする）をガン見してね。

てなことを、週二ぐらいでやってるっていうわけだけど……あ、そんなこと言ってたら、イイ感じのが入ってきたわよ！　顔はさっぱりとした向◯理タイプのイケメンで、体も引き締まってて適度に筋肉質っぽくて、とってもいい感じ！　そしてアソコも……おおっ、ジャージの股間の膨らみはなかなかボリューミーで、こりゃ相当期待できそうよ！

さあ、こうしちゃいられないわ。

私は急いで水着に着替えてプールサイドに待機。

更衣室から出てきた、惚れ惚れするようなボディにパン一の彼が泳ぐ様をひたすら見守り……そして一時間ちょっとが経過。泳ぎを切り上げて再び更衣室に消えて行く彼を見送ったあと、自分もそのあとを追うようにそそくさと……。シャワースペースの入り口前の物陰から覗くと、彼はおあつらえ向きにもっとも目立ちにくい、一番奥のシャワー個室に入っていった。幸い今、他の利用者は誰もいない。今だ！

私は忍者のような忍び足で彼が入ったシャワー個室のほうへ向かい、シャワーカーテンの外から中の様子を窺う。するとと彼は、まさに競泳用パンツを脱いで壁にしつらえられた置台の上に置き、マッパで栓をひねってお湯のシャワーを浴び始めたところだった。きゅっと引き締まったつややかなお尻がこっちを向いて、その上を流れ落ちるシャワーの水流が、なんだかやたらセクシー！

よし、いっちゃいますか！

私はしゃがみながら、カーテンの隙間から個室内に忍び込み、目をつぶって頭からシャワーを浴びている彼の前のほうへと回り込むと……股間にぶら下がったオチン〇ンにパクッ！

「…………!?　な、何ッ？」

さすがに彼も驚き、何事かと見下ろしてくるけど、ここで怯まないのが第一のポイント。怯むどころか、笑顔を返してあげるのがいいかと。そうすると逆に、オチン〇ンさらしてる向こうのほうが、恥ずかしい気持ちになるみたい。

思わず動転して顔を赤くしてる彼に向かい、私はオチン〇ンを手で支えながら、笑顔で明るく言ってあげる。

「あなたのオチン〇ン、とってもすてきね！　もうガマンできずに入ってきちゃった。ねえ、このまま舐めてもいいでしょ？　ちゃんと最後まで気持ちよくしてあげるから……ね？」

「は、はあ……まあ、いいですけど……」

「うふ、ありがと！　じゃあ、いただきまーす！」

って、とにかく明るく振る舞うのが第二のポイントかな。そうすると、向こうの羞恥心も消えて、代わりに快感と性欲に負けてくるから。そうなれば、もうこっちのもの。怒濤のおしゃぶりで最後まで楽しんで、ゴックンさせてもらうっていう寸法よ。

私は改めてオチン〇ンを捧げ持つと、亀頭の縁とそのくびれ部分にねじ込むように舌を這わせていき、ヌロヌロとからみつかせながら、その食感を味わう。

「……んっ、んん……あ、はっ……」

シャワーの水流の音にまぎれて、頭上から聞こえてくる彼の甘い喘ぎ声が心地よく私の興奮を煽ってくる。

「ああ……はぁぁ……んじゅぶ、ぬじゅっ、じゅぶぶ、んぐぶ……」

私は今度は、もうすっかり直角にそそり立った、彼の雄々しい肉竿の裏筋に沿って、これでもかと何度も何度も舌を舐め上げ、舐め下ろしながら、表面に力強く浮き出た太い血管の凸凹の食感を愉しむの。ほらほら、私の巧みな舌先の動きに翻弄されて、もう爆発せんばかりに激しく脈打ってる！

「あうう……うっ、うう……か、感じる……お、奥さんっ！」

ええっ！　やだ、なんで人妻だってわかるの？　失敬しちゃうわ！　って、あ、そっか、こんだけのテクニシャン、そこらへんの独身女にいるわけないよね。

よおし、じゃあ今度はタマタマも責めちゃうんだから！

私は手で竿から亀頭を激しくしごきたてながら、大口を開けて玉袋全体を口中に含むと、舌も使って口内でクチュクチュ、コリコリ、ヌチュヌチュとしゃぶり転がして、これでもかとばかりに可愛がっちゃう。

あ、彼のほうももうじっとしてられないって感じで、両手を下のほうに伸ばしてきて、私のワンピースの水着の胸元に突っ込んで、ナマ乳房を揉みしだいてきた。

あ～ん、気持ちいいっ！

私、もうがぜんハッスルしちゃうんだから！

ほらほら、最高にきもちよくイかしてあげるからねっ！

私は最後のとどめとばかりに亀頭をずっぽりと咥え込むと、ジュブジュブと口内でもてあそびながら、同時に竿を猛スピードでしごいてあげて……！

ほら、もう限界までビンビン、パンパンに張り詰めてきた！

「あ！　ああっ……くっ！　だ、だめだぁっ……奥さん、も、もう……お、おれ、イっちゃいます……あっ、あああっ！」

次の瞬間、私の口内で彼の亀頭は爆発し、ものすごい量の精液が噴き出し溢れ、私は恍惚としながら、その奔流をゴクゴクと飲み下してたわ。

う～ん、生臭くて、とってもデリシャス！

射精の余韻で呆然としながら床にへたり込んでる彼を尻目に、私はそそくさとシャワー個室をあとにしました。

ほんと、このスリル満点のイケナイ口淫プレイ、やめられません！

■彼は私の膝丈のデニムのスカートを取り去り、薄い水色のパンティを剝き出しに……

白昼の自宅二階で強盗犯にレイプされてしまった私！

投稿者 中松亜里沙（仮名）／28歳／専業主婦

それは、四月も半ばすぎの、ポカポカととても暖かないい天気の日でした。

お昼少し前頃、洗濯を終えた私は脱水機から衣類を取り出すと、それを干すために二階の物干し場へと上がりました。夫と幼稚園に通う息子と私、家族三人分のまあまあの分量の洗濯ものを物干し棹にかけ終わると、そこに通じる戸を開け放したまま、すぐ隣りにある六畳の和室で寝っ転がりました。昨夜、あまり眠れなかったのもあって、ちょっと疲れてしまったんです。

私は六年前に夫と結婚し、この昭和中期に建てられたという木造の古い日本家屋の婚家に嫁いできたのですが、それからほどなくして姑も舅も次々と亡くなった結果、まだ若い三人家族だけにしては珍しく、レトロ家屋住まいとなったわけです。

なので、そんな家の二階の六畳間ときたら本当に『ザ・昭和』といった感じの造りで、私は開け放した戸の向こうからそよそよと吹き込んでくる春風に体をくすぐられるまま、鼻をくすぐるほこりっぽい古い畳の、なんともいえないホッとする匂いに包まれて、うとうとしてしまっていました。

ああ、気持ちいいなあ……息子が幼稚園から帰ってくるまでには、まだ一時間ぐらいあるから、ちょっとお昼寝しちゃお。

私はそう思いながら、快適な眠りの中に沈み込んでいきました。

そして、どれくらい時間が経った頃でしょう?

私は全身を圧迫してくる、固い重みを感じ、目を覚ましていました。

あれ、しかもなんか口の中が変なかんじ……何か突っ込まれてる?

そんなふうな妙な違和感を覚えながら、目を開けると。

私の顔のすぐ上には、目出し帽をすっぽりとかぶっているため人相のわからない顔があり、穴から覗いているやたら血走った目だけが、私を見下ろしていたんです!

また、私の上にのしかかっているその体は明らかに大柄、かつ筋肉質でゴツゴツと固く、言うまでもなく男性であることがわかりました。

え、なになに? この人いったい誰? 私、いま何されようとしてるの?

頭の中を無数の『?』が飛び交い、それを相手に問い質そうとするものの、口の中に突っ込まれた丸めたタオルのようなものが邪魔して、「んぐ、ふぐっ……」という言葉にならない、くぐもった音しか発せられません。

と、そのとき、外の遠くからパトカーのサイレンの音が聞こえてきました。この界隈を走り回っているようです。

「あれ、聞こえる？」

急に男がしゃべりました。

「オレさ、この格好見てもわかるとおり、さっき強盗やってきたんだよね。コンビニ。で、結果大して金取れなかったんだけど、逃げて……あれ、オレを捜し回ってるパトカーの音っていうわけ」

そう言いながら彼は、手に持った大きなサバイバルナイフっていうんですか？　それをかざして見せてきました。

「で、あちこち逃げ回ってるうちに、この家の二階の戸が開けっ放しになってるのを見つけて、とりあえずこうやって下からよじ登ってきて隠れたってわけ」

コンビニ強盗……まさか……!?

「そしたらなんと、かわいくてセクシーな奥さんが無防備に寝てるじゃないの！」

えっ、それってまさか……？

「もう、オレの暴れん坊のムスコが痛いくらい、ギンギンに反応しちゃってさ。こういうの、行きがけの駄賃っていうの？　せっかくだからヤらせてもらっちゃおうかなーって……はは」

ようやく私は、今自分が置かれている状況を正しく把握しました。

私、これから犯されちゃうの？

見も知らぬ……っていうか、顔すら見えないコンビニ強盗犯に……⁉

「ほらほら、そんな怖そうな顔、しない。逆らわないで大人しくしてれば、乱暴にしたりしないからさ。な？　わかった？」

そのとき、意外にも私の胸中には、純粋な恐怖以外の考えが浮かびました。

もしここで私が強盗にレイプされたことが周囲のご近所さんたちに知られたら、ともじゃないけどもうここには住めない。そんなのイヤだ！

うち以外にも昭和からの古い家屋の多いこのあたり……そこに住む住民たちの温かで面倒見のいい人柄と、その暮らしやすさがすっかり気に入っていた私は、それを手放さなければならなくなるのが、何をおいてもイヤで、そんな事態を回避したいがために、強盗犯のいうことを聞く決断をしたんです。

「お、わかってくれたみたいだね？　そうそう、そのほうが利口ってもんだ」

私が醸し出す服従の雰囲気を察した彼はそう言うと、喜々として服を脱がしにかかりました。私が着ていたピンク色のカーディガンを脱がし、水色のダンガリーシャツのボタンをプチプチと外すと、白いブラジャーとそれに押し込められた窮屈そうな胸の谷間があらわになりました。

「うっわ……デカ乳たまんねー！」

彼はそう声を発すると、下になった私の背中に手を回し、無理やりブラのホックを外して乳房を開放しました。Gカップの肉毬がプルルンと揺れ弾み、彼はそれにむしゃぶりつくと、荒々しく揉みしだきながら舐め回し、乳首をジュルルルと吸い上げむさぼってきました。

「……んぐっ、ふぅ……うぐ、ん、んふぅ……！」

いったん腹を決めてしまった私の中にもはや恐怖心のようなものはなく、カラダも緊張でこわばることなくリラックスしていて、強盗犯の愛撫はストレートに性感を刺激してきました。

「ふふ、おお、いいねえ……乳首がビンビンに立ってきた！　あんたも感じてるんだね？　オレも嬉しいよ。さあ、じゃあこっちも脱がしちゃおっかな……」

彼は鼻息も荒くそう言うと、私の膝丈のデニムのスカートを取り去り、薄い水色のパンティを剝き出しにしました。今日は特別出かける用事もなかったのでストッキングは穿いておらず、両脚は無防備な生足でした。

「ああ、いいねえ！　この白い太腿からエッチなパンティの股間に続いてく感じ……よし、こっちも剝いちゃうぞっ！」

私のパンティはスルスルと両脚から抜かれ、とうとう恥ずかしい草むらが丸見えになってしまいました。

「では、味見させてもらいまーす！」

強盗犯は弾んだ声でそう言うと、私のアソコにむしゃぶりつき、クリトリスを吸いたて、肉びらを舐め啜り、その奥を掻き回してきて……。

「……んく～～～、んぐっ、うう、ぐふぅ……ん、ん、んっ……！」

「おおっ！　すげえ、あっという間にお汁ビチョビチョ！　大洪水じゃないの！　あ～、もうダメだ！　オレのほうも爆発しちゃいそう！　いいね、入れちゃうよ？」

彼は息を荒げながらそう言うと、穿いていたジャージを下着ごと脱ぎ去り、がっちりとした下半身をあらわにしました。その両足の中心には、怖いくらいに禍々しく勃起した巨大な男性器がそそり立ち、先端からはうっすらと透明な液体を滲ませていました。肉茎の表面にはくっきりと太い血管が浮き出ています。

そして彼は私の両脚を抱えて左右に大きく開かせると、ぱっくりと開き、今やヌラヌラと淫らに艶めいている女性器目がけて、その肉塊凶器を突っ込んできました。その瞬間、強烈な電流のような衝撃が私の全身を貫きました。でも、それは決して苦痛ではなく、否定しがたい快感が次々と胎内で弾け、私を真っ白なハイテンションの世界の頂へと押し上げていきました。

「……んぐふ、ふっ、ぐう……んくぅ～～～～～～っ！」

「おおっ、す、すげ、し、締まるぅ……あ、あう……き、きもちい～～～！」

彼の腰の抜き差しは見る見る深く激しくなっていき、私のエクスタシーもぐんぐん高まる一方です。そして、ついにクライマックスが迫ってきました。

「……う、うくっ……で、出るっ……あぐっ！」

「んんっ……ぐっ、んふぐ、うう、ううう～～～～～～～～っ！」

私は激しいオーガズムの渦に呑まれ、彼もまたその瞬間、男性器を引き抜くと、脇の畳の上にドピュッ、ボタボタと精を放ちました。

その後、彼は再び逃げていきましたが、果たして捕まったのかどうか……私は知る由もありません。

■義父の股間の黒々とした物体は、グロテスクな威容を見せつけながら私に迫り……

母の代わりに高校生だった私を引き裂いた義父の淫らな肉塊

投稿者 由利加奈子（仮名）／24歳／OL

これは今から七年前、まだ私が高校二年生の頃の話です。

その二年前、私は父を病気で亡くしたのですが、その後、母が勤めだした会社の社長に見初められて再婚し、私には新しい父親ができました。

その義父も、先代の社長だった父親をわりと早くに亡くして急遽会社を継ぐ形となったため、社長といってもまだ四十歳手前という若さでした。ちなみにそのとき私の母は四十五歳でした。

義父の会社はまずまずの規模と業績だったため、わが家の暮らしはそれなりに裕福でした。大きな家に、私もきれいで広い自分の部屋をもらい、友だちにもその恵まれっぷりをうらやましがられたものです。

でも反対に、私の心は孤独でした。

母はそれまで苦労していた反動からか、食事や観劇など、女友達らとのつきあいで頻繁に出かけるようになって家に居つかなくなり、義父も毎日仕事で帰りが遅いこともあって、私は家でほとんどひとりぼっちだったのです。

その少し前に初潮を迎えたこともあってか、私はそんな日々の孤独と鬱憤を、もっぱらオナニー行為に耽ることで晴らすようになりました。ちょうどその頃にオナニーを覚えたこともあって、もう気持ちよくて、気持ちよくて……。私はヒマさえあれば、自室のベッドの上で痴戯に及んでしまうという有様でした。

そしてある土曜の昼下がり。母は例によって友だちと美術展に出かけ、おそらく帰りは深夜。父も取引先との接待ゴルフで朝からおらず、夜八時頃の帰宅という話でした。私は買ってきたハンバーガーのお昼を食べたあと、ベッドの上で満腹の眠気に心地よくたゆたいながら、無意識のうちに自分のカラダをまさぐっていました。

長袖Tシャツを胸上までめくり上げてブラを外し、ホットパンツのジッパーを下げて緩めて……それぞれの場所にそれぞれの手を伸ばして。

なんか、毎日いじり過ぎて、ますます大きくなってきてない？　そんなことをちょっと本気で思いながら、でももちろん、かといってやめるなんてことは考えず、同級生と比べてもかなり大きめの胸のふくらみを揉みいじくり、ツンツンに立った乳首を指先でコリコリといじり回します。

「……は、あぁ……ん、んんぅ……」

そのたまらなく甘い蠕動が下半身へと伝わっていき、じわじわと露を溜め潤ってい
く恥ずかしい秘裂に指を沈め込ませて掻き回して……快感の小さな爆発が何度も起き
て、私はぴくん、ぴくんと小刻みにカラダを跳ね震わせてよがり悶えてしまいます。

「んん、ああっ……あん、あ……あうぅ、はぁあっ……」

もう秘裂はぬかるんでドロドロ。

突き入れる私の指の深度はますます深まり、抜き差しの速度は増し……『イク』感
覚が見る見る迫ってきました。

私は大きく背をのけ反らせ、絶頂の最後のひと声をあげようと……した、まさにそ
のときでした。

「可奈子ちゃん……！」

私の名を呼ぶ声に、思わず固まり自らの手を止め、恐る恐るその方向を見ると……
そこにいたのは、まだまだ帰っては来ないはずの義父でした。

「お、お義父さん……な、なんで……？」

私が発した問いに、義父は異様な光を湛えた目で言いました。

「こっちは晴れてるけど、ゴルフ場のある向こうは急に大雨が降り出して……それで

急遽切り上げて帰ってきたんだ。それがまさかこんなところに出くわすとは……」

そう言う義父の心中が、私には読めませんでした。

え、何これ？　怒ってるの？　悲しんでるの？　それとも……悦んでる？

私はとまどいつつも、まくり上げた長袖Tシャツを下ろし、ホットパンツのジッパーを上げて、身づくろいを始めようとしました。でも、次の義父の一言で、そのほんとの心中を悟ってしまったのです。

「ああ、そのままでいいから……そのたまらなくかわいくてきれいな姿、もっとお義父さんに見せておくれ。ほんと、いいところに帰ってきたよ」

そう言う義父の顔は、えも言われず淫らに歪んだ笑みで覆われていました。

それは、まちがっても娘を見る父親の目ではなく……性の対象を見る好色なオスの目以外の何物でもありませんでした。

じわじわと義父がにじり寄ってきます。

私は思わず叫んでいました。

「お、お義父さん、ま、まさか……や、やめてぇっ！」

でも、義父は怯むことなく、それどころかますます目をギラつかせて迫ります。

「可奈子ちゃんも知ってるように、お母さんときたら、毎日あの有り様だろ？　結婚しちゃったら、もう僕のことなんて眼中になしだよ。ほんと、とんでもない奥さんだよねえ？　だったらその娘のキミが代わりをしてくれなくちゃあ……ねえ？」

私は今や、恐怖を感じていました。

オナニーにはまり、日々励んでいる私だけど、まだその先に進む心の準備はできていませんでした。『男』を自分のソコに迎え入れるなんて……！　そんな私のホンネを感じとったのか、義父は言いました。

「いや、悪いんだけどね、加奈子ちゃんが僕の存在に気づかずオナってる姿、スマホで動画に撮らせてもらったんだよね？　どうする？　これ、ネットとかにばらまかれたくないだろ？　だったら、ねえ、おとなしくお義父さんのいうこと、聞いたほうが身のためだよ？」

これが、義理とはいえ、父が娘に向かって言うセリフでしょうか？

私は、なんとかこの場を凌ぐ手段はないかと必死に考えたのですが、ムダでした。自分のオナニー痴態の動画を押さえられ、しかも、向こうは夫としての自分をないがしろにする妻に怒り、その代償を娘に求めて当然だと思ってる……。

この鬼畜を説得する手立てはないように思えました。

そうほぼ観念して黙ってしまった私に義父はにじり寄り、とうとうすぐ目の前に迫ると、顔を寄せておもむろに唇をむさぼってきました。

「……んっ、んぐ、ううう……うぐぅ〜〜〜〜〜〜っ！」

「んばぁあ〜〜〜っ！　ああ、加奈子ちゃんのツバ、甘くておいしい！　最高だ！　ねえ、もっとキスしようよ！　んじゅぶ、じゅるじゅる……」

「んあっ、んぶっ……ぐぅ〜〜〜〜〜っ！」

そうやって執拗に唾液を啜られているうちに、私の全身はどんどん脱力し、とうとうほぼ完全に抗う気力を奪われてしまいました。

義父はそんな私のカラダを軽々と扱うと、簡単に全裸に剝いてしまいました。そして続けて自らも着ていたものを脱ぐと、思いのほかたくましい肉体をさらして私に覆いかぶさってきました。もちろん、その股間の黒々とした物体は、すでに固く大きく怒張していて、グロテスクな威容を見せつけながら私の股間に迫り……そして、とうとうまだ幼いつぼみを穿ち、引き裂きながら奥へ奥へと貫いてきました。

「……っあ！　い、痛い！　はひぃ……や、やめてっ、お義父さんっ！　んあぁっ、あぐっ……いや〜〜〜〜〜〜〜っ！」

私はその破瓜《はか》のあまりの激痛に、あらん限りの大声で絶叫をあげましたが、完全防音の外壁を持つこの家の外の誰かに届く希望はありませんでした。

私の悲鳴に躊躇することなく義父は腰の抽送を続け、そのうち私も痛みに馴れ、代わって徐々に甘い感覚が体を冒していきました。それはどんどん快感に変わっていき、私は自分の体の感覚のそのあまりの変わりように、恐怖すら覚えてしまうほどでした。

「あっ、ああ……あん、んふっ……あん、あああ……」

「ああ、加奈子ちゃん、いい声になってきたね！　その調子だよ！　お義父さんもすごくいい気持ちだよ！　あ、ああ……ほら、そろそろイキそうだよ……」

「……えっ⁉　だ、だめ、それだけは……やめて、お義父さんっ……！」

妊娠に関する知識だけはあった私はそう訴えましたが、ムダでした。

「……うっ、うう！　イク……イクよ、加奈子ちゃん……う、ううう～～～！」

義父はひときわ大きくそう呻くと、私の中に放出し、私もそれを受けて、何がなんだかわからぬ間に……果ててしまっていました。

この一回限りの過ちは、義父と私の間だけでの秘密です。

とりあえず、妊娠しなくてよかったというところでしょうか。

■私は、胎内で激しく暴れる彼のペニスがもたらす極上の快感に悶え喘いで……

夫の後輩社員に上から目線で犯され感じた下剋上ナイト

投稿者　竹中ゆかり（仮名）／30歳／パート主婦

その日、夫が帰ってきたのは、夜中の十一時すぎでした。

しかもグデングデンに酔っぱらって。

夫はとてもじゃないけど一人じゃ歩けないような状態で、そんな夫を親切に家まで送ってきてくれたのは、同じ部署の後輩社員だという、三田さん（二十七歳）という男性でした。

彼と顔を合わせるのは初めてでしたが、一目見た瞬間、カラダの奥のほうの深い部分が、ズキンと熱く疼くのがわかりました。

（うっわ、やだもう……すっごい好み～～～～っ！）

彼は決してイケメンというわけではありませんが、人のよさげなヤンチャ坊主風の雰囲気が、最近売り出し中の俳優・仲野○賀を思わせる、私が一番好きなタイプの顔だったんです！

（私より少し年下っていうのが、またそそられるわあ……）

私は人知れずそんなようなことを思いながら、完全に酔いつぶれた夫をとりあえずリビングのソファの上に寝かせ、三田さんに向き合いました。

「本当にごめんなさいね、すっかりお世話かけちゃって。今お茶を入れるんで、ちょっと待っててくださいね」

「あ、いえいえ、そんなおかまいなく。このあと終電の時間もありますんで、あまりゆっくりもしてられなくて……」

そう応える、いかにもピュアそうな物言いを聞き、私は内心舌打ちしました。

（あ〜あ、これじゃあもし誘っても、万が一にもノッてきてくれそうにないわね。すっかりたるんで太った夫と違って、体型もシュッと引き締まってスタミナもありそうなのに……残念、あきらめるか……）

私は仕方なく、三田さんを送り出すべく玄関へと向かおうとしました。

ところが、そこで彼から思わぬ言葉が。

「なので、お茶なんか飲んでないで、手っ取り早く済ませちゃいましょうよ」

「……え？」

「だ、か、ら、やりたいんでしょ？　僕とエッチ。ほら、さっさと脱いで、脱いで」

と言うや否や、スーツの上着を脱ぎ、ネクタイをゆるめ始めたんです。

どうやら、人のよさげなとか、ピュアなんていう私の見立ては大間違いだったようです。ある意味、ヤンチャ坊主という言い方は当たっているともいえるけど、彼は見た目とは大違いの、ドライで自意識過剰なヤリチン男だったんです。

「そ、そんなこと……失礼ね！　誰があなたなんかと……」

「はいはい、そんなやりとり、時間のムダムダ！　どうしてもそんなめんどくさいやりとりがしたいっていうんなら、悪いけど僕、もう帰りますよ？」

一応、人妻としての体面を保とうと反発してみた私に対して、彼はあきれ、吐き出すようにそう言うと、本当に一度脱いだスーツの上着をさっさと着ようとしました。

「ああっ、待って待って！　帰らないで！　今すぐ脱ぐから！」

私は慌ててそう言って彼を押しとどめると、すぐさま服を脱ぎ始めました。水色のカーディガンを脱ぎ、ピンクのネルシャツのボタンを外し……スカートとストッキングを脱ぎ下ろして、私はブラとパンティだけという姿になったんです。

彼も今やもう、ぴっちりとしたボクサーショーツ一枚だけの格好になり、さっき私が見立てたとおりのたくましく引き締まったボディをさらしていました。そのこんもりと盛り上がった股間の膨らみに、いやでも目が吸い寄せられてしまいます。

「ふ〜ん、奥さんもけっこうイイ体してるじゃないですか。オッパイもでかいし、腰もきゅっとくびれて……三十歳っていいましたっけ？　二十代前半っていっても通るくらい、肌もきれいでピチピチしてるし」

そう言いながら近寄ると、私の肩に手を置き、そこから下ろしていって背中を撫でさすり、ブラ越しに乳房を揉み揺らしてきました。

「ほら、奥さんも触っていいですよ。ずっと目が釘付けだったのはわかってるんだ。ああ、僕のココ、奥さんのカラダ見てるうちにムラムラしてきちゃった……」

彼の言葉に私はゴクリと生唾を飲み込むと、そろそろと手を伸ばしてボクサーショーツの布地越しに、盛り上がった股間の魅惑のカーブに沿って指を這わせました。亀頭の縁と思われるでっぱりを撫で回し、竿の裏筋部分に沿って上下に滑らせて。

「ん……ああ、いい気持ちだ……おっと、パンツがピチピチに窮屈になってきちゃった。さあ、これをずり下げて、中身をしゃぶってもいいですよ？　言っちゃあなんだけど、ご主人のモノなんかとは比べものにならない、自慢のイチモツだ。ありがたく味わってくださいね」

完全な上から目線の彼の言葉でしたが、そう言われることで、ますます私の興奮は高まってしまうんです。見た目からは想像もつかない、女ごころの機微を知り尽くしたプレイボーイの口八丁手八丁といったところでしょうか。

私は言われたとおり、彼の前にひざまずくとボクサーショーツを足首までひきずり下ろして脱がせ、すでに力強く鎌首をもたげて猛っているペニスの先端をぱくりと口に含み、たっぷりの唾液をグジュグジュとからませながら吸い啜りました。そして執拗に舌で亀頭を舐め回し味わったあと、ニュポンと口を離すと、今度は竿の裏筋を上下に何度も何度も舐め上げ、舐め下ろして……。

「お、おお……いいねえ、さっすが人妻、フェラテクも堂に入ってる。ほら、チ○ポ、惚れ惚れするほどもうビンビンだろ？　よし、じゃあ今度は僕が可愛がってあげますから、下着も全部取って、すっぱだかでそこに座ってください……そう、そこ！　酔いつぶれてるご主人のすぐ横ね」

「ええっ！　そ、そんな……もし起きちゃったら……!?」

「ふふふ、そのドキドキがいいんでしょ！　スリリングな快感がきっとクセになっちゃいますよ」

ビビる私の様を愉しむかのようにそう言うと、彼は、夫のすぐ脇に全裸で横たわった私の体に取りつき、次々と愛戯を繰り出してきました。

耳の穴に舌先を突っ込みえぐり、耳朶を甘噛みし……。

両の乳房を揉み回し、乳首を舐め、吸い、噛んで、指先で摘まみこね回し……

アソコの肉ひだをしゃぶり、舌先で掻き回し、愛液を啜り上げて……

「……あふ、くぅ……んっ、んぐ……うくぅ……」

夫を起こすことを恐れて、どうしても喘ぎが抑え気味になってしまう私でしたが、逆にその不自由感が、まさに三田さんがさっき言ったように、えも言われぬスリリングな快感となって、普通のセックスの何倍も気持ちよく感じられてしまうのです。

「ほらほら、奥さんのココ、とんでもない大洪水ですよ。ね、言ったとおりでしょ？もう早くチ〇ポ入れてほしくてしょうがないんじゃないですか？　え？」

「……ああ、は、早く……あなたのこの凄いオチン〇ン、早く私のオマ〇コに入れてほしいのっ……！」

彼の悪魔のような口車に乗るかのように私の性感は際限なく昂ってしまい、思わず彼の首っ玉にかじりついて、淫らにおねだりしてしまっていました。

「よしよし、了解です。じゃあ、先輩、今から先輩の奥さんのオマ〇コ、僕のチ〇ポでハメ倒しますね～っ！　いいですよね～？」

私のハラハラドキドキを尻目に、三田さんはわざわざ夫の耳元に顔を寄せてそう言うと、意地悪で満足そうな笑みを私に向けたあと、大きく広げた両脚の真ん中目がけて、勃起ペニスを突き立ててきました。

「あっ、あっ、ああっ……す、すごいっ！　おっ、おっきい！　奥まで……奥までくるのおっ！」

私は、胎内で激しく暴れる彼のペニスがもたらす極上の快感に悶え喘ぎながら、腰を何度も何度も大きく跳ね上げてしまいました。

「あっ、あ、ああん、あ……あひぃっ！　んあぁっ……」

「さあ、そろそろ熱くて濃ゆいのいっぱい、奥さんの中にぶっ放ちますよお！　準備はいいですかあ⁉」

「んああっ……だ、だめっ……そ、外でっ！」

と、私が言ったもののムダでした。

彼の中出しに、私は失神せんばかりに激しくイキ果ててしまい……まあ、結局、妊娠しなかったのは不幸中の幸いでしたが。

この日以降、私と三田さんはＬＩＮＥでつながり、気が向いたときに関係を持つ付き合いを続けているんです。

■先生はアタシのバックからヌプリと挿入してきて、そのまま腰を激しく動かして……

先生相手に仕掛けるアタシの援交Hエクスタシー

投稿者 西本セナ（仮名）／20歳／専門学校生

アタシのカレの雄大が、とんでもないカネ食い虫なのよねえ。でも、アタシってば、惚れた弱みで、カレにねだられるままにアレコレ買ってあげるわ、いろいろごちそうしてあげるわ……おかげでもうすっかり金欠状態。でも、カードはすでにもう限度額いっぱいだから使えないし、無理してアタシを専門に行かせてくれてる親にたかるわけにもいかないし……。

で、思いついたのが、学校の先生に援助してもらうこと！

なんだ、結局援交かよ、とか言わないで。

だって、ネットとかで知り合う見ず知らずの相手なんかと違って、普段からよ～く知ってて、しかも尊敬して信頼できる人が相手なんだから、ただの援交とはわけが違うわ。援交の「援」は援助だけでなく、困ってる生徒への「応援」の援ともいえるわけで……ね、なんか立派なものに思えてこない？（こないか！）

なんて勝手な理屈にのっとって、アタシは、いつもこっちをいやらしい目で見てくるF先生に狙いをつけたのね。四十歳ぐらいの痩せぎすで神経質そうなキモガリ男。でもアタシ、太ってる男はもっと嫌いなもんで、まあ、それに比べりゃあましかって感じで、ね。

一日の授業の終了後、学校前のカフェで張り込んでから一時間ちょっと待つと、帰り支度をしたF先生が校舎から出てきた。アタシはススッと近づいていって、

「先生、今日これからちょっといいですか？　折り入って相談があって……」

って声をかけた。すると、

「え？　今日じゃないとダメかい？　これからちょっと用事があって……」

と言って、気持ち困惑気味の先生に、アタシはピッタリと体を寄せて、

「はい、お願いします」

先生のひじにアタシのバストが当たるようにしながら言うと、

「あ、ああ……わかった……」

と言って了承してくれた。よし、これでもう勝ったも同然！　アタシは先生のひじをとってホテルのほうへ歩きながら、泣きまねを交えながら言った。

「実は、今月の教材費のことなんです。うちの家、生活が苦しいもので、どうしても

三万円っていう金額が払えなくて……あの、アタシのカラダ、三万円で買ってくれませんか？」

アタシは単刀直入に言ってた。すると、先生のほうもなんとなく真意をわかってくれたみたいで、教材費云々をどうこういうこともなく、

「そうか……わかった。本当に三万でいいのかい？　なんだったら四万……いや、五万用立ててあげてもいいよ。他ならぬきみの頼みだからね」

アタシの価値は五万ってことか……まあ、悪くないんじゃない？

「ありがとうございます！　じゃあ五万で！　さ、ホテル行きましょ」

アタシは先生の腕を引いて、ホテルの入り口をくぐっていった。

で、部屋に入るや否や、アタシたちは服を脱いで浴室へと直行した。

先生が、それがいいって。お風呂プレイが好きみたい。

決して広くはない浴室内で裸で向かい合ったアタシたちは、お互いの体にボディシャンプーの泡を塗りたくってってった。てっきり先生はアタシにフェラしろだとか、あれこれ指図してくるのかと思いきや、そんなことはなく、アタシのカラダを可愛がりたくて仕方ないみたいで……たっぷりの泡をアタシのオッパイに塗り込みながら、ゆっくり大きく、かつ執拗に揉み回してきて。アタシの乳房の表面を滑る指が、勃起した

乳首に触れると、ピンッピンッと弾きつつ、摘まみこね回しねじり上げてきて……そうされると、痛いような気持ちいいような、たまらない刺激に翻弄されて、

「……ッア、ア……ハァン、アァ……アフゥッン………」

思わず甘ったるい喘ぎが唇からこぼれて、身悶えしちゃう。

「ああ、なんてステキで可愛いカラダなんだ……ずっとこうしたかったんだ」

ええ、わかってますとも。だからこうやってハメてるのよん。

なんてほくそ笑みながら、アタシのほうも先生の股間の昂りに手を伸ばし摑むと、泡の滑りを使ってニュルニュルと妖しくしごいてあげる。

「う……ううん、ああ……いいよ、とてもいいっ……」

先生はうっとりしたように言うと、アタシに抱きつき、そのままなし崩し的にペニスをヌルリとアタシのアソコに挿入してきた。太くはないけど、長さはそこそこあるソレに胎内の奥を突かれ、そのまま腰を押し引きされると、なかなか気持ちいい振動に揺さぶられて、アタシはたまらず喘いじゃう。

「アアン、ハァッ……せ、先生、そこっ……いいっ！　アフッ、ンアァッ……」

アタシと先生の間を隔てるヌルヌルが、お互いの粘液なのか、それともボディシャンプーなのか……判然としないまま、でも、快感はまちがいなく大きく広がってった。

「アゥゥ……せ、先生……もうダメ、アタシ、イキそうっ！」

「よしよし、じゃあ今度は向こうを向いて壁に手をついて……そう、そう」

そう言って、先生はアタシのバックからヌプリと挿入してきて、そのまま腰を激しく前後に動かして……アタシは必死で壁を支えにしながらソレを受け止め、でもどんどん昇り詰めていって……。

「ア、アァッ……ダメッ！　イ、イク……イク～～～～ッ！」

「ううっ、んぐ……はうっ！」

アタシの股間から太腿に、つつーと先生が出した白い液が流れ落ちてく。

とうとう二人そろってイッちゃった。

そのあと、先生はアタシの手に五万円を握らせ、こう言って去ってった。

「あんまりカレシのこと、甘やかさないほうがいいよ」

なんだ、ぜんぶお見通しだったってこと？

ほんと、先生ったら人が悪いんだから～っ。

第三章

淫らに溺愛されたい女たち

■二人から左右同時に乳首を吸い舐められ、コリコリ、クチュクチュと責めたてられ……

教え子二人からの淫らな恩返しにイキ果てて悶えて！

投稿者 坂井いずみ（仮名）／31歳／教師

さあ、四月だ。

いよいよ一週間後から、勤めている高校の新学期が始まる。

大学受験のシーズンもようやく終わりを告げ、私が担任していた三年のクラスの子たちも概ね志望校に進むことができて、ホッと一安心。まあこのあとほどなくして、また一年間の次の大学受験に向けての戦いの日々が始まるわけだけど、今この、それまでのほんのわずかな時間だけは、そんな責任やプレッシャーから解放されて心も体も軽く過ごせる、とても貴重な時間だ。

天気もよくポカポカと暖かい小春日和の日曜日。

いつもの私なら、図書館で好きな海外作家の本を物色したりしてインドアに過ごすのだけど、なんか今日はとっても開放的な気分。繁華街に出てウィンドウショッピングでもして、気に入った服とかあったら、久しぶりに本当に買っちゃおうかしら。

そんなことを思いつつ、賑わう人込みをよけながらフラフラと街路を歩いていたときのことだった。

「あれっ、坂井先生じゃないですか！」

後ろからいきなりそう声をかけられ、えっと思って振り向くと、そこにいたのはかつてクラス担任した教え子……高野くんと三村くんの二人だった。二人ともオシャレな服装に身を包み、とてもかっこいい。たしか今は二十一歳で大学の三回生だったわね。二人ともばっちりいいとこに受かったのよね。

「あら、高野くんと三村くん、二人とも久しぶりじゃない！　卒業以来だから、え〜と、三年ぶりだっけ？」

「そうですよ。さすが先生、ちゃんと俺らのこと覚えててくれたんですね。嬉しいなあ。今日はお買い物か何かですか？」

「うん、そう。たまには服でも買っちゃおうかなぁなんて思って。二人は何？　かっこよくキメちゃって、ナンパでもしようっていうの？」

と、冗談めかして言った私だったが、それに対して一瞬間があり、続いて彼らが言った言葉に、正直ちょっとドキンとしてしまった。

「あはは……まあね。でも、正直これっていう子がいないから、どうしようかなあって思ってたとこなんですけど……先生、よかったら俺らにつきあってくれませんか？」

「おお、それいいなあ！　実は俺ら生徒時代、密かに先生に憧れてたんですよ？　でも、先生ったら美人で魅力的なくせにド真面目で、全然つけ入るスキがなかったから……ねえ、ぜひぜひ、今日は俺らと過ごしてくださいよお」

いったいどこまで本気で言ってることやら……そうちょっと訝しく思いながらも、さらに二人の様子を窺ってみると、どうやらけっこうマジみたいだった。

これって悪い気はしないよね。

なにぶん私も、前の彼と別れてもう丸二年ほどもフリー状態で、先生・生徒以外の異性との接触にちょっとだけ飢えてる感じ。そんなところに、かっこよく成長した元教え子二人からこんな嬉しいこと言ってもらえて、かなり心が動いちゃった。

二人のお言葉に甘えて、ちょっとだけドキドキ感味わってもいいよね？

「そうねえ……うん、いいよ。先生をどこか楽しいところに連れてってよ」

「えっ、ほんとにいいんですか？　やりーっ！」「先生、ありがとーっ！」

そんなふうにはしゃいで喜ぶ二人を見て、思わず目を細めてしまった私だったけど……それがまさかあんなことになるとは……。

それから私たち三人はハンバーガーショップに入り、口の周りをケチャップと肉汁だらけにしながらワイワイと楽しくランチしたあと、昼間からやってるという二人の行きつけのＢＡＲへと向かった。あくまで軽く二、三杯というかんじで飲み始めたのだけど、あれ、そういえば、かつての教え子と飲むなんて、これが初めてのことなんじゃない？　ある種の感慨を覚え、私はがぜんテンションが上がってしまい、少々飲み過ぎてしまったかもしれない。

というのも、その店に入ってから一時間ちょっと以降の記憶がなく、酩酊状態からようやく目覚めると、なんと私は全裸で見知らぬ部屋の中のベッドの上にいて、その姿をピッチピチのボクサーショーツ一丁だけ身につけた高野くんと三村くんに見下ろされていたから……。

「……な、何なの、これ⁉　ふ、二人ともいったい、な、何のつもり⁉」

動転してうまく舌が回らない私の詰問に、彼らは、

「いや、気持ちよく酔っぱらってる先生が、あまりに色っぽいもんだから、なんだかもうたまらなくなっちゃって……」

「そうそう、俺もう、ここが痛いほど突っ張っちまってどうしようもなかった……」

などと、二人とも自分の股間を押さえながら、えも言われず好色な笑みを浮かべて言うのだ。いやでもそこに視線を吸い寄せられてしまった私は、二人のはち切れんば

かりのボクサーショーツの前部分の膨らみを目にすることになる。

二人のとんでもない淫らな意図を知った私は、

「冗談じゃないわっ！　もし私に指一本でも触れたら、大声出すからねっ！　そしたら、がんばってせっかくいい大学入った君たちの将来も一巻の終わりよ！」

そう言って必死で思いとどまらせようとしたのだが、二人の対応は冷静だった。

「無駄ですよ、先生。ここ、俺の住んでるワンルームマンションなんですけど、防音設備はマジ完璧なんだ。どんだけ叫んだって誰にも聞こえませんよ。逆にもう先生の裸の画像は俺らのスマホん中にしっかり収まっちゃってるんだ。もしものとき、困るのは先生のほうですよ」

私はもう、ぐうの音も出なかった。

「さあ、観念して、この際、たっぷり楽しみましょうよ。先生だって、俺らみたいなイケてる若い男二人とエッチできて、ほんとは嬉しいんでしょ？」

ふざけるな、と思いつつも、私はにじり寄ってくる彼らのことを拒絶することもできず、左右から二人に挟まれる格好で、そのキスと愛撫に身を任せるしかなかった。

二人から交互に繰り返し熱いディープキスをされると、なんだか意識が朦朧として、蕩けるような感覚に包まれていく。さらに二人左右から乳房を揉まれると、久方ぶりに味わう快感が押し寄せてきて……！

「ああ、憧れの先生のオッパイ、ずっと触れてみたかったんだ」

「な？　ほら、言ったとおりだろ？　先生って着やせするタイプだから、きっとオッパイ大きいって。う～ん、マシュマロみたいに柔らかくて最高の揉み心地だぁ」

「……んあっ、あ、はぁ……あはん………」

その二人がかりの愛撫の心地よさに身悶えするしかない私だったが、さらに今度は左右同時に乳首を吸い舐められ、コリコリ、クチュクチュと責めたてられた日には、もう背をのけ反らせて激しく喘ぐしかなかった。

「あひっ！　ひっ……はぁっ、あん、んふぅ……！」

「くぅっ、もうダメ！　ガマンの限界……なあ三村、俺のほうから先に先生のオマ○コにチ○ポ入れてもいい？」

「ええっ、マジ⁉　……ったくしょうがねぇなあ。いいよ。その代わり、俺は先生の口を使わせてもらうよ」

「オーケー、オーケー」

彼らはそんな勝手なことを言い合うと、高野くんは私の下半身に腰を密着させて陣取り、三村くんは寝そべった私の顔のすぐ横に膝をつき、それぞれがギンギンに勃起したペニスがいかにも窮屈そうにボクサーショーツを脱ぎ取った。ビョンッ！　と二人ともすごい勢いで剝き身の男根が跳ね上がって震えた。

「さあ、先生、俺のしゃぶってよ。歯を立てないように気をつけてね」

そう言いながら突き出された三村くんのペニスを私は咥え、その大きく膨らんだ亀頭を飴玉のように舐めしゃぶり始めた。

「くぅッ……先生、いいっ……！」

と、彼の喜悦の声が響き渡ったその瞬間だった。

ズブリ、という衝撃的なインパクトを伴って、高野くんの極太ペニスが私の肉裂を穿って挿入され、続いてものすごいスピードとピッチでピストン掘削を始めた。

「んぐっ……んふぅ、ううっ……んぐ、んぐ、うぐうぅ……」

私はその魅惑のストロング・ピストンに翻弄されながらも、決して三村くんのペニスを口から放すことなく、無我夢中でしゃぶり続けた。

「んああっ！　おい高野……おまえの振動がこっちにまで伝わってきて……す、すげぇ、こんなのよ過ぎるよぉっ！」

「んぐっ、んあっ、あがっ……はぁ、んぐふぅ……！」

「ああ〜〜っ、先生のオマ◯コの中、トロトロのくせにキュウキュウ俺のチ◯ポ締めつけてきて……た、たまんねぇ〜〜〜〜〜っ！」

三者三様のあられもない喘ぎがこだまし合い、部屋中に響き渡る中、上下の口を責めたてられ、性感をどんどん追い詰められていった私の中に巨大なものがせり上がってきた。ああ、くる、くる……！

「んぐ……ぷはぁっ！　ああ、もうダメ！　先生イッちゃう……あん、あん、あん、ああっ……あ、ああ〜〜〜〜〜〜〜〜〜〜〜っ！」

オーガズムの大波に呑み込まれるままイキ果てた私の目に映ったのは、私のお腹の上と、口の中と、それぞれの若く大量の精を解き放った高野くんと三村くんの、クライマックスの狂態だった。

その後、彼らは持ち場を替えて私の肉体を凌辱しまくり、私のほうもそのケダモノのような悦楽のすべてをとことん味わい尽くした。

私も今ではこの出来事を、彼らなりの、恩師である私に対する恩返しだったのかもしれないと思うようになっている。

■私は舌をチュウチュウと吸われながら、二人して左右から胸を揉みしだかれて……

社宅の新歓パーティーは女同士の快楽に溺れて

投稿者 栗田瞳（仮名）／27歳／パート主婦

夫の地方転勤で、今まで住んでいた都内の賃貸マンションから、他県の社宅に引っ越してきました。もちろん、初めての社宅生活です。

すると、二人の先輩奥さんが、新入りの私の歓迎会を開いてくれるということになりました。一人が景子さん（三十二歳）といって係長夫人、もう一人はさくらさん（三十五歳）という課長夫人で、当然二人とも平社員夫の妻である私にとっては格上にあたりますが、どちらもとってもフレンドリーでそういった威圧感もなく、私はホッと安心して、ありがたくそのお誘いを受けることにしました。

とある天気のいい平日の昼下がり、私は一階上にある、さくらさんの部屋を訪ねました。ちなみにこの社宅の部屋は、すべて社員夫婦二人住まいが対象の２ＤＫの造りになっていて、散らかす子供がいないということもあって、さくらさんのところもきれいに片づき、おしゃれな調度がそこかしこに配置されたセンスのいいものでした。

「本日はお招きいただき、どうもありがとうございます」

すでに中で待ち受けていたさくらさんと景子さんにそう挨拶しながら、手土産のちょい高級なシャンパンを差し出すと、

「あら、こんな気をつかわなくったっていいのに～。でもありがとうね、あとで皆で飲みましょ？　さ、さ、座って座って！」

そう言いながら、さくらさんが私をリビングとして使っているらしい八畳間の真ん中に置かれたローテーブルのところに導き、私はソファに腰を下ろしました。すでにテーブルの上には、所狭しと美味しそうな料理などが並んでいます。

「それじゃあ、栗田さん……いや、瞳ちゃんの歓迎会を始めまーす！　あ、一番年下だから、ちゃん付けで呼んでもいいわよね？」

「は、はいっ、もちろんです！　むしろそう呼んでもらえて嬉しいですっ！」

「オッケー！　じゃあはい、瞳ちゃん、当社宅へようこそ！　カンパーイ！」

そうして、美味しいお酒を飲み、料理に舌鼓を打ちながらの私の歓迎会が始まり、私たちはざっくばらんにいろんなことを話し、それはもう楽しく盛り上がりました。

当然、盛り上がれば盛り上がるほどお酒も進み、私は今日、夫の帰りが遅いことがわかっていたこともあって、さくらさんと景子さんに勧められるままに次々とグラスを

空け、気がつくと三人で、最初に用意されていたワイン二本を飲み干し、さらに私が持参したシャンパンの栓も開けられていました。

私は相当酔っぱらってしまっていましたが、向こうの二人はといえばかなりの酒豪のようで、全然平気な様子です。

うわ～っ、さくらさんも景子さんもすごいなぁ～……私なんかもう頭はクラクラ、体はフニャフニャ……完全グロッキーだよ～……。

回らない頭でそんなことを思っていた私でしたが、そのとき、さっきまでは私と向かい合ったソファに並んで座っていた二人が、いつの間にかこちら側のソファに移動し、私を両脇から挟むように座っていることに気づきました。左右から密着され、ギュウギュウと完全なサンドイッチ状態です。

それを私は、二人ともテンション上がってんな～……まあ、私もとっても楽しいからいいけど、ぐらいにしか感じませんでしたが、そのうちそうも言っていられない状況になっていきました。

「うふ、瞳ちゃんの肌、ピチピチしてる……やっぱ若いっていいわね～」

「ほんと、体も無駄なぜい肉なんかなくて締まってるし……うふふ」

さくらさんと景子さんがそう口々に言いながら、私の体をまさぐり、撫で回してきたんです。二人の手は左右から器用に私のカーディガンのボタンを外すと、その下のブラウスの前もプチプチと開けていきました。

「え、え、え……ちょ、な、何するんれすか……？」

私が慌てて回らない舌でそう言っても、二人はまったく臆することなく、

「いーから、いーから！　瞳ちゃんは何も心配しないで任せとけばいいから！」

「そ！　お近づきのしるしにと～っても気持ちよくしてあげるからね」

などと言いながら、とうとうブラウスの下に着けているブラジャーのホックを外し、私は裸の胸をさらけ出されてしまいました。

「……あっ、らめっ！　は、はずかしい……！」

「大丈夫！　とってもきれいよ～っ！」

「……んぐふぅっ……！」

私はさくらさんのキスで唇をふさがれ、舌をチュウチュウ、ジュルジュルと吸われながら、二人して左右から胸を揉みしだかれました。ムニュムニュ、ギュウギュウ、コリコリ、クリクリ……乳房への刺激に加えて乳首も摘まみこね回され、その強弱をつけた絶妙の愛撫の快感に、私の意識は陶然と蕩けていってしまいました。

「……んぐぅ……んじゅ、うぶっ……う、ううっ……」

同時に、二人から代わる代わる唇を吸われ、からめた舌を啜り上げられるものだから、もうたまりません。いつしか私は自分から首を伸ばして二人のキスを求めむさぼってしまっていたんです。

「ああ、瞳ちゃん、嬉しいわぁ……とっても感じてくれてるのねぇ」

「……んあっ、はぁ、はぁ……あう、んくはぁぁっ……」

「ほらほら、もう下のほうもたまんないでしょ？　脱がせちゃうわね」

景子さんがそう言い、私の綿パンツと下着を脱がせてしまいました。とうとう私は靴下以外、すっぱだかにされてしまったんです。

するとすかさずさくらさんの手が股間に伸び、すでに恥ずかしいくらいに濡れ乱れてしまっている私の秘貝をいじくってきました。トロトロに蕩けた恥肉をめくり上げられ、その奥の秘腔をジュブジュブとえぐり掘じくられ、私はあまりにも気持ちよくて、腰をビクンビクンと高く跳ね上げながらよがり悶えてしまいます。

「ひ、ひあっ、あ、ああ……はぁっ……んあぁっ！」

「ああっ、瞳ちゃん、サイコーにエッチなカラダよおっ！」

「もう、私たちもガマンできない……脱いじゃうからねっ！」

さくらさんと景子さんも服を脱いで全裸になり、二人して私にまとわりついてきました。双方の乳房が、アソコが、粘り着くように体中を這い回り、いつしか私たちの体は三人の汗と唾液と愛液でダラダラに濡れまみれていました。

それから私たちは互いの体を愛撫し合い、舐め合い、吸い合い、むさぼり合って、いつ果てるともしれない女同士の官能の底なし沼に呑み込まれていったんです。

当然これまで夫をはじめ、男性とのセックスの経験しかなかった私は、これを機に完全なレズビアン・エッチのとりこになってしまいました。

まあこれも適性みたいなものがあるようで、私はさくらさんと景子さんに見事にその適性を見抜かれ、まんまとレズ仲間にされてしまったというわけです。

今では、ほぼ月イチのペースで、女三人の性の饗宴を愉しんでいる私たちです。

■アソコを激しく突かれながら、いくつもの視線に刺し貫かれてるみたいで……

マンション屋上で咲き狂う春の夜のサプライズ快感

投稿者 由利真麻（仮名）／20歳／専門学校生

その日は、まさに春本番っていうくらい暖かくて、夜になってもたいして気温が下がらなかった。十五～十六℃くらいはあったんじゃないかな？　そんなわけで、同じ服飾系の専門学校に通うカレシのケンタが、いきなりこんなこと言いだしたの。

「なあ、マアサ、おまえ、自由に屋上に出入りできるんだろ？　だったら今日さ、これから二人で屋上に上がって、星空エッチしね？」

っていうのも、アタシが住んでるこの賃貸マンション、実はうちの親がオーナーなのね。だから、アタシは身内の特別待遇で、十階の最上階の角部屋っていう一番いい部屋にタダで住まわせてもらってる上に、特別に屋上に出るドアの鍵も持たせてもらってるの。勉強の合間に息抜きで屋上に出て新鮮な空気吸うと、気分転換できて勉強がはかどるんだって言ったら、パパ、おお、そうかそうか、ってチョロイもんよ。あ、当然マンションの他の住人には内緒よ。基本、屋上への出入りは禁止だから。

「え〜っ、マジ？　でもここ、わりと近くにうちよりもっと階数のあるタワマンとか、高いビルがけっこうあるから、いくら夜だっていったって、ひょっとしたら高性能の望遠鏡かなんかで、上からやってるとこ見られちゃうかもしれないよ？」

ケンタがどこまで本気で言ってるのかわかんないけど、一応アタシ、そう言って釘を刺そうとしたんだ。でも、ケンタったら、

「へーき、へーき！　見たかったら、はいどうぞって、見せてやりゃあいいじゃねえか。ギャラリーがいると思ったら、きっと余計に燃えるぜ？」

なんて言って、逆にますますテンション上げちゃう始末。

「でも〜……」

とは言えまだ、アタシがそう言って二の足を踏んでると、

「ほら、おまえもこないだ言ってたじゃねーか、最近うちらのエッチ、ちょっとマンネリ気味だよねーって。だったらこれ、絶好の刺激になると思わね？」

ってまあ、ドンドンくる、くる！

で、結局、アタシのほうもだんだんその気になってきて、「うん、わかった、いいよ」って、言っちゃったっていうわけ。

電子キーを使って重いスチール製のドアを開けて屋上に出ると、そこはまあま

の規模の幼稚園の園庭くらいの広さがあって、思った以上に広々としてた。

「お〜っ、広い広い！　こりゃヤリ応えあるぜ〜っ！」

「何よ、そのヤリ応えって？」

嬉しそうに言うケンタに向かってアタシがそう訊くと、

「だって普通、エッチっていったら狭くて閉鎖的なとこでやるもんだろ？　それがこんなだだっ広くてオープンなとこでヤレるんだぜ？　屋外プレイの醍醐味、ここにありって感じじゃね？　しかも、おまえが心配してるみたいに、ひょっとしたら遠くから誰かに見られてるかもしれないって思ったら……う〜ん、燃える！　これをヤリ応えって言わずしてどーするよ？」

だって。

「ふ〜ん……」

まだ今イチ気が引けてるアタシだったけど、もうアガリきったケンタをとめることはできなかった。彼は持ってきた薄手のマットレスを広々とした屋上のど真ん中に敷くと、アタシに飛びかかり、鼻息を荒くしながら服をむしり取ってきた。

「きゃっ！　やだ〜っ、ケダモノ〜ッ！」

「はいはい、欲望に狂ったケダモノですよ〜っ！　ヤッてヤッてヤリまくって、オレらのエロい姿、まわり中に見せつけてやろうぜぇっ！」

そうやって、すごい勢いで裸に剝かれちゃうと、いよいよアタシのほうもグングン気分がアガってきちゃって……負けずにケンタの服をむしり取ってた。

そしてびっくり！

何これ！　これがケンタのチ○ポ⁉　こんなすごかったっけ？

そう、勃起した彼のペニスは、今まで見たことないくらいの大きさにビッグにそそり立ってて、マジもう信じられないくらいの興奮具合だったのね。もうアタシもそれを見た瞬間に、アソコの奥のほうがジュワ〜〜〜ッて熱くぬかるんできちゃって！

無意識のうちにソレにむしゃぶりついちゃってた。

「あ〜ん、ケンタすごい〜〜〜！　んじゅぶ、んぶ、ぬぶ、じゅるるる……！」

「う、うおおっ！　すげえ、すげえよ、マアサ！　きもちいい〜〜〜！」

赤黒くなってパンパンに張った亀頭の縁をねぶり回し、オシッコの出る穴を舌先でグリグリほじくり回して、太い血管が浮き出たカチンカチンの竿を上下に何度も何度も舐め上げ、舐め下ろして……バクッと頭から咥え込むと、必死の勢いでバキュームフェラしてた。そのテンションの上がりっぷりときたら、なんだかもう自分じゃないみたいだった。

するとと、ケンタはアタシをマットレスの上に押し倒してきて、シックスナインの体勢になると、濡れきった股間にむしゃぶりついてきた。いつも以上の激しい動きでオマ○コの中を掻き回してくる……！

「んあっ、あ、ああっ……ケンタァッ！　んあっ、あん……んじゅぷぅ、ぐぷ、んじゅばっ、あう……じゅぷ、じゅぶぶっ……！」

アタシのほうも改めて下からチ○ポを咥え込むと、さっきに輪をかけてハードに舐めしゃぶってった。もう、なんの恥じらいも躊躇もなかった。っていうか、無我夢中でそうしてるうちに、どんどん、今、こうやってる自分たちの姿が他の誰かに見られてるかもっ……って思いだすと、爆発するようなとんでもない興奮が押し寄せてきちゃって……！

「あ、ああっ……ケンタァッ！　も、もうダメェ……アタシ、ガマンできなぁい……ケンタのこのすごいチ○ポ、アタシのオマ○コにぶち込んでぇっ！」

恥も外聞もなくそう叫んでて、際限なく昂りまくる欲望を抑えつけることなんてできなかった。

「おおっ、オレのチ○ポももう爆発しそうにギンギンだぜぇっ！　おまえのこのドロドロに蕩けきったスケベマ○コにぶち込んでやるからなっ！」

そしてケンタがそう叫んだ瞬間、アタシのマ〇コで爆発するような快感が弾けて！

「あひっ！　あぁっ……んあぁぁっ……ひぃぃぃっ！」

「ああ、あぁっ……マアサ、マアサッ……くうっ！」

「いいの、いい、いいわぁっ……ケ、ケンタァッ……！」

アソコを激しく突かれながら、周囲のマンションやビルからのいくつもの視線に刺し貫かれてるみたいで……その言いようのないスリリングな興奮は、もうとんでもないエクスタシーになってアタシの全身を覆っていった。

そしてほどなく、アタシは失神するかのようなオーガズムに達し、いつも以上にたっぷりのケンタの精子が、ドクドクとマ〇コに注がれる感覚を嚙みしめてた。

星空エッチかあ……。

これから春が終わって夏が来て、きっとこの先、ますますクセになっちゃいそうなカイカン体験だったわ。

■体の四か所で炸裂する快感の波状攻撃に悶絶し、私は思わずデスクに顔を伏せて……

社内遠隔プレイで課長との不倫ラブを楽しんだ私

投稿者 柴山理香子（仮名）／34歳／OL

今年三十四歳になった私は未だに独身で、社内では完全に『お局様』扱い。

でも、いいんです。もう丸二年不倫関係にある、妻子持ちの村木課長（四十二歳）に愛されてるっていう実感があるから、周りからどう見られようが全然へーキ。彼がいてくれれば、もうそれだけで会社にいる意味があるの。

そんな村木課長は、もう五年ほど前から奥さんとは完全なセックスレス状態という話で、その反動もありつつ自分がまだまだ精力旺盛なものだから、やりたいと思いついたいろんなプレイを私に求めてくるんですが、つい先週、彼にいわれて試してみたのは、かなりすごかったなー。

それはズバリ、『遠隔操作リモートエッチ』。

私の体に大人のおもちゃ的なエロい器具を密かに仕込んで、それを彼が遠くからリモコンで操作して人知れずヨがらせるっていう……。

まあ、エッチな小説やマンガの中でならよくあるヤツなんだけど、もちろん私にとって実際にやるのは初めての経験で、その日はやる前からドキドキしちゃった。

朝の八時半、出勤してきた私は、もうすでに先に来ていた村木課長とアイコンを交わすと、周りに気づかれないようにこっそりと、男子トイレの個室の一つに二人で入りました。

彼が、持参してきた布袋の中をごそごそと漁りながら言いました。

「ネットで見つけて、サービス価格でやっと手に入れた優れモノなんだよ。半径十メートル以内なら、多少の障害物があってもまったく問題なし。しかも振動の強弱はもちろん、細かい動きの操作性も完璧で、あとほとんど音もしないときてる。理香子をたっぷり楽しませてあげられるよ」

私としては嬉しいけど、これってあくまで気持ちいいのは私だけであって、彼は楽しいのかなあ？　と、ちょっと疑問に思いましたが、鼻息荒く嬉々として話すその様子を見ていると、まあいいみたいね、と納得しました。

それから彼に言われるままに制服の白いブラウスの前をはだけ、ブラを外しました。そして露わになった私の左右の乳首に、彼は楕円形をしたラグビーボールのミニチュアのようなピンク色の物体（ピンクローターというらしいです）を一つずつ、透明の粘着テープで貼りつけました。中に電池とかモーターとかが内蔵されているだろうに、その重量は驚くほど軽く、負荷はほとんど感じませんでした。

でも次に、下半身にバイブ類を仕込まれたときには、そういうわけにはいきませんでした。用意されたのは、直径三・五センチほどの太さ&全長十五センチほどの、まああの大きさのバイブと、それよりもかなり小ぶりで細い小さめのバイブの二本。

彼が便座の蓋の上に座り、その前に立ってパンティを膝あたりまでずり下げた私の剥きだしのアソコに、大きいほうのバイブをねじ込もうとするのだけど、いくらたっぷりと唾液を塗り込んで潤滑性を与えても、やっぱりきつくて痛くて。

「あっ、くっ……痛っ！　ううう……」

「ごめんな、理香子。あとほんのちょっとの辛抱だから」

とか言いつつ、ようやく根元までバイブを埋めることができました。

そして続いて小ぶりなほうのバイブはアナルへ。

これもかなりきつかったけど、まあなんとか納めることができました。

こうして前後の穴をふさいだ二本のバイブが抜け落ちたりしないように、これもやはり粘着テープでしっかりと固定されて。

さすがにこっちはかなりの違和感があり、特に歩いたり動いたりすると、内部でゴリゴリと擦れるようで、けっこうつらい……でも、期待で目をキラキラさせながら、嬉しそうな顔をしている村木課長のためにも、ここはガマン、ガマン……！

そんなふうに私は、左右の乳首にそれぞれピンクローターを二つ、アソコに大きいバイブを一本、アナルに小さいバイブを一本という、都合四つの器具を密かに装着した形で、オフィスへと向かったわけです。

そして朝九時、業務開始です。

私と村木課長のデスクは四メートルほど離れていましたが、最初の一時間ほどは何事もなくすぎ、そのうちなんとなく下半身の違和感にも慣れてきた私は、ある程度仕事のほうに集中していました。が、そうやって油断している私をあざ笑うかのように、彼の攻撃が始まったんです。

ヴヴヴヴ……。

まず両乳首のピンクローターが小刻みに振動しだしました。最初は弱く、でもそれがだんだんと強くなっていって……そのうち、左右交互に振動したり、止まったりといった変則的な動作を始め、私はその微妙な快感に翻弄されていきました。

（あ、ああ……か、感じる……う、ううん……）

もちろん声を出すわけにはいかず、口から洩れ出ようとする喘ぎ、呻きを必死で抑え込みながら、ひたすら耐え忍びます。パソコンのキーボードを打つ手にまでそれは影響を及ぼし、どうしてもタイピングが遅くなってしまいます。

と、続いて下半身での振動が始まりました。

アソコの中で大きいバイブが震えだしたかと思うと、それを追うようにアナルのほうの小さいバイブも動きだしました。

（ひゃうっ！　う、ううっ……こ、これはヤバい……あ、ああっ……）

先にすでに乳首への刺激に反応し、ある程度湿っていたソコはもはやほとんど痛みは感じず、ひたすら快感だけが襲いかかってくるようでした。次々と愛液が溢れ出し、パンティを濡らしていくのがわかります。

（……んんっく、はぁ……あ、ああん……）

下半身を中心にもぞもぞと体をよじらせながら、首をひねって村木課長のほうを窺うと、彼は周りに気づかれないように顔を伏せつつ、満面のいやらしい笑みを浮かべて私の様子を見ていました。

そして、わざと私に見えるようにしてリモコンのスイッチを取り出すと、それをさんざんもったいぶった挙句、カチリと押して……。

ググ……グイン、グイン、グイングイン…………！

振動に加えて、バイブがうねりだしました。ときに大きく、ときに小さく全身を振って、膣内をこれでもかと掻き回してきて……！

（んあぁ……あ、あひっ……だ、だめっ……あ、あああ！）

さらにそこにアナルへの攻撃も加わってきたものだから、さすがの私もたまりません。四か所で炸裂する快感の波状攻撃に悶絶し、思わずデスクに顔を伏せて体をわなかせてしまったんです。

「ちょっと柴山さん、大丈夫？　具合、悪いんじゃないの？」

そんな私の様子を心配して、同僚の真紀が声をかけてきてくれました。

「う、うん……だ、大丈夫……ちょっと熱っぽいかな？　少し外の空気吸ってくるね」

私はよろめくようにしてデスクを離れると、そのまま非常口から外階段へ出て、手すりに体をもたせかけました。でももちろん、いやらしい攻撃は継続されたままで、私はそうしながら必死で耐え忍びました。

すると次の瞬間、一気にそれらの強度が上がりました。

（ああっ！　あん、あ……ひっ！　も、もうダメ……！）

とうとう私が座り込んでしまい震えていると、ドアが開いて村木課長が現れました。そしてリモコンを手にしたまま私にキスし、舌を差し入れてきました。さんざん私の口内をむさぼって唾液を啜ったあと、ようやく唇を離して言いました。

「ああ、快感に耐え悶える理香子の姿、サイコーだよ！　オレもう、痛いほど勃起しちゃってたまらなかったよ。じゃあトイレも行きたいだろうから、いったん休憩しよっか。昼休みが終わってまた午後から楽しんだあと、今日はホテルに行って、とことんヤりまくろうな？」

「ああ、課長……課長のホンモノのオチン〇ン、早く入れてほしい……私も待ち遠しくてたまらないです……」

こうして午後もまた遠隔エッチをたっぷりと楽しんだあと、夜はそれこそ狂ったようにハメ狂った私たちですが、遠隔エッチそれ自体の快感と興奮以上に、その後の夜の本番に向けての昂らせパフォーマンスとして効果絶大だったように思います。

さあ課長、次は一体どんなプレイで感じさせてくれるのか……今から楽しみで仕方ない私なんです。

■あたしは彼の頭を自分の股間に引き寄せ、熱くぬかるんだ肉溝に口を押しつけ……

万引きGメンを装って若いイケメンをパクリ！

投稿者　南山聡美（仮名）／32歳／専業主婦

この間、スーパーに買い物に行ったときのこと。

あたし、と〜ってもオイシイ体験しちゃったんです。

今日の夜はカレーかな〜……なんて思いつつ、売り場でルーを物色してたら、少し離れた場所に胸きゅんもののカワイイ男の子がいたんです。私服だったから正確にはわかんないけど、たぶんまだ十代の新大学生くらいのぴちぴちイケメン！

ばれないようにさりげなく、横目でその端正な横顔に見とれてたんだけど、次の瞬間、衝撃の光景が！

なんと彼、売り場のレトルトカレーを手にとると、そのまま肩掛けのトートバッグの中に入れちゃったんです。

そう、まさかの万引きの現行犯。

あたし、唖然として一瞬固まっちゃったけど、即座によからぬアイデアがひらめいて……いったん自分の買い物はやめて、スーパーの出口へ向かう彼のあとについていくと、レジを通らずに外へ出たのを確認してから、声をかけました。

「ねえ、きみ。そのバッグの中にレジを通してない商品があるわよね？　ちょっといっしょに来てくれる？」

そう、万引きGメンを装って接触したんです。

目的はもちろん、その罪を見逃してあげることと引き換えに、若いカラダであたしにご奉仕してくれるよう要求すること。

とっさにそんなこと考えつくなんて、あたしも我ながら相当な淫乱ですよね？

すると、彼はあからさまに動揺し、うろたえながら言い訳し始めました。

「す、すみません、実は僕、ずっと前に両親を亡くして、今は祖母と二人暮らしで……生活費は祖母のわずかな年金だけなものですから、日々食べるものにも困ってるんです。か、勘弁してください……」

今どきにわかには信じがたい話でしたが、お金がないことは本当なのでしょう。あたしはやさしく微笑むと言いました。

「そう……わかったわ。じゃあ、これからあたしと一緒に来て、反省の証として、いうこと聞いてくれたら、見逃してあげてもいいわ」

「ほ、ほんとですか？　ありがとうございます！　なんでもします！」

彼は目に涙を浮かべながらそう言い、あたしはほくそ笑んだんです。

あたしは彼を従えてずんずん歩くと、ちょっと町はずれにあるラブホへと向かいました。たぶん築四十年近くは経ってるんじゃなかろうかという古び方で、なかなか隠微な味わいがありました。

「……え、ここですか……？」

「そうよ。あたしが何を求めてるか、わかるよね？　だめ？　……なら、あたしも出るとこ出させてもらうけど……」

「わ、わかりました！　行きます！　あなたのいうこと聞きますから！」

「うん、いい子ね。そうこなくちゃ」

エントランスでそんなやりとりを経て、あたしたちは部屋をとり、チェックインしました。物わかりのいいイケメンくんでよかったです。

それぞれシャワーを浴びて身ぎれいにし、あたしたちは二人とも全裸になってベッドに上がりました。彼が恥ずかしそうに股間を手で隠しているので、あたしは、

「ほら、そこちゃんと見せて。どうせこれからいろいろやんなきゃいけないんだから、照れたって無駄よ？」

と言って手をどけさせ、彼のペニスをガン見しました。

するとそれは、ほっそりとした体形に似合わぬ太くボリューム感のあるイチモツで、あたしは意外な喜びを覚えながら、手を伸ばしていじくり始めました。亀頭のあたりを摑んでクニュクニュとこねくり回していると、だんだんと固く膨張してきて……見る見る勃起したそれは、長さは十六～十七センチほど、太さはもちろん直径五センチほどもあり、短小気味の夫とは比べものにならない、立派で見事なものでした。

「うわー、すごい、おいしそう！　いただきま～す！」

「……あ、そんなっ……あ、ああ……」

あたしがおもむろに彼の股間に顔を埋めてしゃぶりだすと、彼は腰をくねらせながら、ゾクゾクするような甘くセクシーな声で啼きました。それを聞きながら人妻ならではの濃厚テクでフェラしているうちに、あたしもカラダの奥のほうからジンジンと熱く淫靡な昂りが沸き上がってくるのを感じました。全身が火照り、乳首はビンビンに尖り、アソコも温泉が噴き出すように強烈に潤んでいきます。

ああ、こんなコーフン、いつ以来だろう？

最近、短小で淡白な夫との間ではこんな盛り上がり、とんとご無沙汰なので、あたしは久しぶりのハイテンションに無我夢中で盛り上がり、彼の様子を窺うこともなく、

一心不乱にしゃぶりたてちゃいました。すると、

「……っあ、ああ、だ、だめ……もう……イ、イクッ……！」

彼がそう呻くや否や、一気にあたしの口のなかでペニスが膨張したかと思うと、すごい勢いでザーメンを噴き出しました。その量もすごくて口の中はいっぱいになってしまいましたが、あたしはそれをゴクゴクと飲み下しました。

「あ……す、すみません……」

「うふふ、いいのよ。とってもおいしかったわ。じゃあ今度はあたしのを舐めてちょうだい。女の子のココ、舐めたことあるわよね？」

「は、はい……す、少し……」

「そう……なら、今日はい〜っぱい味わってね。あなたと同年代の若い女の子にはない、適度にこなれて、こってり濃厚な味わいよ」

あたしはそう言うと彼の頭を自分の股間に引き寄せ、熱くぬかるんだ肉溝に口を押しつけ、舐めさせました。彼はまだ経験は少なそうでしたが、一生懸命に無心で舐めてくれて、その一途さが心地よく快楽を煽ってきました。

「ああ、いい、いいわ……そう、そこ……そこを舌先でグリグリして……んああっ！」

あたしはそうやってたっぷり二十分ほども彼に口淫ご奉仕をさせたあと、いよいよ

ペニスをアソコにいただくことにしました。

「さっきいっぱい出したけど、若いからもうできるわよね？」

そう聞くと、彼は鼻息荒くうなずき、あたしが何をしてあげる必要もなく、ムクムクとペニスを勃起させて、挿入してきてくれました。その太く固い力強い肉棒の抜き差しに、あたしの性感は一気に反応してしまいます。

「んあぁっ……いい、いいわぁ！　あん、あ、ああっ……もっと、もっと強く激しく……あたしの子宮を突き破ってぇっ！」

「はぁ、はぁ、はぁ……んんっ……あ、はぁ……」

「あっ、イク……んんっ、う……イク～～～～～～ッ！」

ああ、ひさしぶりの超エクスタシー～～～～～～～！

すっかり満足したあたしは、お金がないという彼に五千円を渡してあげました。果たして本当にあたしのことを、万引きGメンだと信じているかどうかわかりませんが、たとえタチの悪いエロ人妻だと思われたっていいんです。

キモチよければ、すべてよし！（笑）

■Aくんは私の濡れマ○コに下から巨大勃起チ○ポを突っ込んできて……

ブサメン巨デブ男との超極上エッチでたまらず昇天！

投稿者 吉村美智（仮名）／24歳／フリーター

私、自分で言うのもなんだけど、顔もカラダもかなりイケてる。

顔はしょっちゅう吉岡○帆に似てるって言われるほど、自分でもかわいいなあって思うし（笑）、カラダもB八十四センチ・W六十センチ・H八十五センチで、仲のいい男友達によく「おまえってホント、男ゴコロをそそるプロポーションしてるよなあ」なんて言われるくらい。あ、念のため言っとくけど、コイツとは一度もヤッたことないからね……まだ今のところ（爆）。

てなわけで、自分の女としての商品価値がよくわかってるから、男に対しても絶対に自分を安売りしたりしない。それこそ言い寄ってくるヤツは山ほどいるけど、ちょっとやそっとじゃ相手にしてやらない。相当将来性があるか、ドンピシャ好みのイケメンじゃないとね。

でも皮肉なもので、一方で人並みはずれて大のセックス好きだったりするものだから、困っちゃうのよねえ……常に上から目線で、自分を絶対に安売りしないって言ってる手前さ。これがものすごいジレンマなわけよ。ふう。

さあ、そんな私なんだけど、つい最近仲良くなった同じバイト先の女友達から、こんな話を聞いちゃったものだから、たまらない。

「ほら、キッチン担当のAくんいるじゃん？　そうそう、あのブサメンで巨デブの！　あたしのツレの子が、信じられないことに、なんだか酔った勢いでヤッちゃったらしいんだけど、これが意外なことに、アレはでかいわ、タフだわ、テクはあるわで、もうサイコーのエッチだったたっていうのよね！　で、すっかり味を占めて、見た目はおいといて、まじでセフレになってほしいってAくんに頼んだんだって。まあ、なんと断られたっていう話だけど……笑う」

そのツレの彼女、昔からヤリマンで有名だって私も知ってるんだけど、逆に言えばエッチに関しては相当目が（アソコが？）肥えてるわけで……そんな子が即セフレになってほしいって頼んだくらいだから、こりゃそのAくん、相当のセックス・プレイヤーであることはまちがいないわけで……。

うーん……ヤりたいっ！　Aくんにセックスしてほしい！

アタマじゃなく、アソコでそう思っちゃった私は、もう居ても立ってもいられなくなり、でも、いわゆる『上玉な女』の私が自分のほうから、そんな非モテ系の彼にお願いするわけにはいかないじゃん？　……そこで考えた方法がズバリ、『借金のカタ』大作戦！　そう、彼に借金して、でも期限までに返せなくて……ああ、仕方なくカラダで返します！　……ってやつ。ね、これならある程度、自分にも周りにも言い訳が立つと思わない？

で、早速、私は作戦決行！

理由をつけてAくんに三万円を借り、でももちろん、返済期限の一週間後には返せるわけもなく（つーか返す気もなく）、「ああ、いいですよ、もう一週間待ちますから」って言う彼を無理やりねじ伏せ、「ううん、それじゃあ申し訳なくって私の気が済まない！　せめて利息分だけでも私のカラダで払わせて！」

とか言って、まんまと彼とホテルへしけこんじゃったっていう次第。

さあ、ホテルの部屋で、私が先にシャワーを使い、裸でシーツにくるまってベッドの上にいると、あとからシャワーを浴びた彼が濡れた体をバスタオルで拭き拭き、出てきて……私は、前評判どおりのその姿に目がくぎ付けになっちゃった！

たっぷりの脂肪に覆われて、ブクブクに太ったそのみっともない巨体ではあるけど、ボンレスハムのような太腿の間からぶら下がったアレは、まだ平常時だというのに優に長さ十四～十五センチあり、太さもたっぷり四センチ超……ええっ、これって勃起したら、いったいどんだけすごいイチモツになっちゃうの～⁉

みたいな。

そんなバケモノみたいなチ○ポ、私の中に入るかなあ？　という恐怖心半分。オマ○コ、いったいどんだけ気持ちいいんだろ？　という昂りまくる期待半分。

そんな状態の私に対してAくんは、

「ほんとうに……吉村さんみたいな素敵な子、僕の好きにしちゃっていいの？　こんなすばらしい裸、僕、ナマで見るの初めてだよ……」

と、遠慮気味な物言いながら、その目は興奮でギラつき、ハァハァと息は荒くなって……私が「もちろん」と答えると、その巨体で私にのしかかってきた。そして、グローブみたいな手で私のオッパイを掴みながら、それとは裏腹な繊細な指使いで乳房を揉みしだき、乳首をコリコリと巧みにいじくってきて。

「……ん、んんっ……あ、はぁ……」

なるほど、こりゃなかなかのテクニシャンぶり……意外性があっていいなあ……私はそんなふうに悦びながら、彼の股間に手を伸ばしていく。そしてその先に触れたソレは……うっわあ！　残念なのか、ホッとするべきなのかちょっと複雑だけど、それほど膨張率が高くないAくんのチ○ポは、最初に想像したほど巨大には勃起してなかったけど、それでも全長二十センチ近く、直径も六センチはあって、もう十分すぎるほどご立派な代物だった。

「ああ、Aくん……これ、すごいわ……こんなの私、初めて見た！」

私はぐんぐん昂ってくる情欲のままにそのビッグな肉棒にむしゃぶりつき、本当にたくましい男性の手首ほどもあろうかという威容を一心不乱に舐めむさぼり、吸いしゃぶった。そうしながら、どうしようもないほど自分のアソコが熱く疼き、あられもなく汁気を含んでいくのがわかる。

「……はぁ、はぁ、ぁあ……Aくん、わ、私もうガマンできない！　このとてつもなくおっきくて硬いオチン○ン、早くオマ○コに入れて！　ねえ、早くぅ！」

私は彼のチ○ポを握りしめながら、恥も外聞もなくそう懇願し、上目遣いに訴えつつ、ますます激しくしゃぶりたてる。

「はぁはぁはぁ……ぼ、僕も、吉村さんの中に入れたくてたまらない！　よし、いくよ……ほ、本当にナマで入れていいの？」

「うん、いいの！　ピル呑んでるから大丈夫だから……ナマで入れてぇっ！」

彼は納得したようにうなずくと、あえて自分は仰向けに寝そべって、その上に私をまたがらせた。そして例のごつい手で私の腰を左右からしっかりと摑んで、完全に制御しながら濡れマ〇コに下から巨大勃起チ〇ポを突っ込んできて……！

「アアッ、ア……ひあっ！　あん、アァ、んあァァアッ……！」

もう、その恐ろしいまでの肉の圧迫感と、巧みなリズムと強弱のピストン・テクニックは圧倒的だった。私の性感はいいように彼に翻弄され、次から次へと襲いかかってくるカイカンの嵐に、ただただ吞み込まれていくばかり……。

「ああ……よ、吉村さん、僕、もうイキそうだけど……あ、ああ……」

「あ、ああん！　私も……私もイクッ……あひ、ひ……イク～～～ッ！」

「……んぐっ、う……んあぁぁっ……！」

私は、下から奔流のように噴き上げてくるAくんのザーメンを胎内で感じながら、かつて感じたことのない最上のオーガズムに達しちゃってた。

う～ん、こりゃマジすごいわ。まだまだ借金返済するわけにはいかないなあ。もっともっと楽しませてもらわないと……そう思いながら。

■義母は、ビョンッと跳ね上がった僕の勃起ペニスに貪欲に食らいついてきて……

若き義母の豊満な肉体の誘惑に呑み込まれて

投稿者　金子賢太（仮名）／28歳／長距離トラック運転手

つい先月、三才年下の彼女と結婚したのですが、そのお母さん、つまりは僕にとって姑にあたる義母に、かなり困ってます。

義母はかなり若くして結婚・出産したのですが、その後夫と死別し、女手ひとつで苦労しながら一人娘を育て上げたという人で、僕にとって姑にあたるとはいっても、まだ四十四歳という若さで、いわば女ざかりといった雰囲気。

ずっと仕事と子育てに必死で、男とつきあう余裕なんかなかったことの反動か、今ようやく娘が手を離れて気持ちに余裕が出てきたゆえか、長年眠っていた自分の中の『オンナ』の部分が目を覚ましたかのように、僕にちょっかいをかけてくるんです。

先日も、荷物を積んで夜通し走って東京～大阪間を往復したあと、自宅アパートに帰ってくると、嫁はパートに出ていて留守で、なぜか義母がそこにいるんです。

「あ、お義母さん、こんにちは。今日はどうしたんですか？」

「え？　どうしたって……一生懸命働いて疲れて帰ってきた賢太さんを、少しでもねぎらってあげたいなって、そう思って来たに決まってるじゃない」

僕の質問にそう答えると、義母は近づいてきて身を寄せました。

僕は軽くため息をつきながら、

「え～と……だったらとりあえず、ゆっくり寝かせてくれませんか？　僕をねぎらってくれるのなら、そうしてもらうのが一番ありがたいんですが……」

と言ったのですが、義母はとぼけたような顔で、

「ええ、ええ、たっぷり寝かせてあげますよ……気持ちよ～く可愛がってあげた後にね。ほら、ここ最近、長距離続きでほとんど家に帰ってないって聞いてるから、当然、あの子とも夜はご無沙汰でしょ？　だから、そんな娘に代わって私が一肌も二肌も脱がせてもらうわ。んふん……」

そう言って、僕のシャツのボタンを外し始めるんです。

「あ、ちょっ……お義母さん、だめですって。ほら、僕、ここ何日も風呂にも入ってないから、汗やら何やらで臭くて汚いですから」

僕はそう言って抵抗しようとするのですが、義母は、

「大丈夫、大丈夫！　それがまたいいんじゃない！　濃厚な男臭、たっぷり嗅がせて

ちょうだいっ！」

鼻にかかった甘ったるい声で言うと、問答無用で僕の服を脱がしにかかるんです。

「あ、あ、お義母さん、やめてください……」

さも困った口調でそう言いながらも、僕の視線は義母の胸元にくぎ付けでした。

義母はHカップの豊満なバストをしているのですが、その深く切れ込んだ胸の谷間がこれ見よがしに強調された襟ぐりの深いカットソーを着ていて、そのたっぷりとした肉感を僕の胸にぐいぐい押しつけながら、迫ってくるものだから……。

嫁の母親とこんなことダメだ、と理性では拒絶するのですが、生身の男の部分はどんどん義母の攻勢に押されていってしまって……頭とは裏腹に、股間が熱くたぎってきてしまうんです。

「あ、ほら、賢太さんのここも、こんなに張り切って喜んでくれてるわよ？　う～ん、おっきいわぁ……すてき！」

すでにすっかり上半身は裸にされてしまい、あらわになった乳首をチュブチュブと唇で吸われながら、僕のアレはパンツの中に突っ込まれた義母の指先によって、ネチネチともてあそばれました。

「……あ、ああ……お、お義母さんっ……あ、ああ……」

「ああっ、すごい、すごい！　どんどんコワイくらい大きくなってく……固くて、太くて……もう、おかあさん、たまんないわぁっ！」

義母はそう言うと僕の前にひざまずき、ずるりとズボンと下着を引き下げ、ビョンッと跳ね上がった僕の勃起ペニスに食らいついてきました。真っ赤なルージュを引いた大きくて妖艶な唇が亀頭を咥え込み、血管の浮いた肉茎の表面を這い……その、長年男と縁がなかったゆえの、貪欲でがむしゃらな口淫の激しさに、僕はたまらない快感を覚え、思わずイキそうになってしまいました。

「あっ……で、でるっ……！」

「だめ！　まだだめよっ！　許さないんだから！」

義母はそう言うと、ギュッとペニスの根元をきつく握って、せり上がりつつあった僕の射精の流れを止めてきました。

「あなた、若くて頑健だから、きっと一発二発出すくらい平気だろうけど、私は濃ゆくてたっぷりの最初の一発をアソコに出してほしいのよっ！　だから、まだまだガマンしてもらうからね！」

そんな殺生な……と思いながら、僕は義母の言いなりになるしかありませんでした。

その後、カットソーを脱いだ豊満なバストを揉ましてもらいながら、義母にしゃぶり続けられ、何度も何度もイキそうになりながら、そのたびに寸止めされ……いつ果てるとも知れない、快感と忍耐が繰り返される『地獄の生殺し状態』の果てに、とうとう僕は音を上げてしまいました。

「ああ、お義母さん、僕、もう限界です……お義母さんの中に、出させてください！」

「うふふ、そうね……私ももうたっぷりと若い男臭を味わわせてもらったわ。そろそろ待ちに待った中出しをもらおうかしら」

義母はそう応えてくれると、仰向けに横たわった僕の上に、全裸になってまたがってきました。そして勃起ペニスを手で支えて直立させると、その上から自分の腰を沈めていって……ぬぷ、ぬぷぷぷ……と、燃えるように熱い秘肉の中に呑み込まれ、僕はそのあまりの気持ちよさに、

「あっ、ああ……はぁ、あ、あう……ううっ……」

と、男のくせに甘ったるい喘ぎが止まりませんでした。

「ああ、はあ、ああん……ああ、いいわ、賢太さんの固くておっきいオチン◯ン、私の中で大暴れしてる！　んあぁっ、ああっ……」

僕の上で義母の腰の動きはどんどん大きく激しくなっていき、それにつれてHカップの巨乳がブルン、ブルンと激震して……僕はその淫乱すぎる痴態を仰ぎ見ながら、

こちらも昂る興奮のままに下から力いっぱい突き上げまくりました。

「ああっ、はぁっ……ああ、賢太さん、いいわ……いいの～～っ！」

「くぅっ……はぁ、ああ……お義母さん、お義母さんっ……！」

そうして、とうとう僕も限界を迎えました。

「ああ、もうだめです……お、お義母さんっ……僕もうイクっ……」

「はぁ、はぁ、はぁ……いいわっ、きてっ！　熱くて濃ゆいのいっぱい、私の中にぶっ放してぇ～～～～っ！」

「……お、お義母さんっ……うぐ！　くうぅぅぅ～～～～～～っ！」

「ひはっ！　あ、ああっ……んあぁ～～～～～～～～っ！」

まさに禁断の中出しフィニッシュでした。

僕はきっと今後当面、嫁とその母親を相手に、秘密の親子丼エッチを求められることになるのでしょう。

モラルに反する心苦しさとともに、否定しがたいスリリングな快感ライフへの期待に、思わず身震いしてしまう自分がいるのです。

■クリちゃんを舌先で舐め転がしたあと、肉ひだの中を激しくえぐり回してきて……

身も心も大満足！初めてのスワッピング体験

投稿者　藤倉紗栄子（仮名）／30歳／パート主婦

私たち夫婦、この頃なんか倦怠期気味だな〜って思って。

前はほぼ必ず週イチでセックスして、それなりに楽しく気持ちよく満足してたっていうのに、それがだんだんと週イチから月三になり、今や月イチも危ういっていう有様で……アタシもダンナも、な〜んか燃えないっていうか。

と、そんなモヤモヤした思いを感じてたある日、ダンナがこんなこと言いだして。

「なあなあ、おまえ、スワッピングって知ってる？　そ、日本語でいうと『夫婦交歓』ってやつ。二組の夫婦がお互いのパートナーを取り換え合うことで、相手が変わることはもちろん、自分のパートナーが別の相手としてるのを見ることで、かつてない新鮮な興奮と快感が味わえて、マンネリ打破にも最適！　……って、これは俺に教えてくれた奴の受け売りなんだけどね」

スワッピング……夫婦交歓……アタシとしては初耳だった。でも、聞いてるだけですっごく刺激的！　アタシ、けっこうセックスに関しては奥手なほうで、そもそも初体験が大学二年のとき、それから二十六歳で今のダンナと結婚するまでの間に経験した相手は他に一人だけで、その後はダンナ一筋。だもんで、こんな不倫と複数プレイと露出プレイが一緒くたになったようなエッチ、まるで盆と正月が一緒に来たような（笑）インパクトだったわけ。

「お、その顔はまんざらでもないってかんじだな？　そいつ、俺がよく行くＢＡＲの仲のいい飲み仲間なんだけど、一度奥さんと一緒にどうですか？　って誘われててさ。ＯＫって答えていいよな？　大丈夫！　身元はちゃんとした奴だし、経験豊富だし。しかもなかなかのイケメンだぜ？」

もちろん、断る理由があるでしょうか？（笑）

ってことで翌週の日曜日、早速、人生初スワッピングに臨むことに。

先方夫婦と待ち合わせたのは郊外にある某ラブホテルで、指定されたスペシャル・ルームに行くと、そこはすっごい広くて、キングサイズのベッドが二つ並ぶ大迫力の一室。ここで向こうのダンナとヤッて、うちのダンナが向こうの嫁とヤるのを見て……と想像するだけで、だんだん身も心もゾクゾクしてきちゃう。

そこへ先方夫婦が登場！

ご主人はタケルさん（三十三歳）といい、たしかに聞いてたとおりのなかなかのイケメンで、よしよしというかんじだったんだけど、びっくりしたのは奥さんのハルナさん（二十九歳）のほう。こちらもかなりの美人なんだけど、そのプロポーションがすごい！　バストは優に九十センチはありそうな美巨乳のうえに、ウエストはキュッとくびれてヒップラインも美しく、しかも透き通るような色白美肌……なんだかこんな魅力的な女性とヤる、うちのダンナに嫉妬しちゃうような……ヘンな気持ち。アタシも彼女のダンナとヤるっていうのにね。

それから双方の夫婦で順番にシャワーを浴びて、さっぱり身ぎれいにしたうえで、お互いのパートナーを変えてそれぞれのベッドに上がった。

アタシはタケルさんと。

旦那はハルナさんと。

タケルさんがアタシの体をやさしく抱くと、唇にキスしてきた。最初はちょっと抵抗があったけど、タケルさんのキスは、いつもおざなりなダンナとちがってすっごく繊細かつ濃厚で……チロチロと舌先で歯の裏側まで舐められ、ジュルジュルと音をたてて唾液を啜り上げられてるうちに、そのあまりの気持ちよさにもう恍惚としてきちゃって……いつの間にかすっかり没入してしまったわ。

「はぁ……奥さん、とっても魅力的ですね」

「そんな……ハルナさんこそあんなにステキなのに、アタシなんか……」

「奥さんのほうがずっとかわいいですよ」

たとえウソでも、そんなふうに甘く囁かれるとめちゃくちゃ心地いい。いつの間にかアタシの胸のほうに下りていったタケルさんの顔に、舌と唇、そして歯を駆使して、ペロペロ、クチュクチュ、コリコリと乳房と乳首を可愛がってもらいながら、その甘い囁きの響きに覆われて、性感は際限なく昂っていっちゃう。

「……んあっ、はぁ……あんっ……」

「ほら、こっちももうこんなに濡れて……奥さんの甘い蜜、味わわせてもらうね」

タケルさんは指でアタシの濡れ具合を確かめると、さらに顔を下げていって、その口で恥ずかしい秘部をとらえた。そしてクリちゃんをさんざん舌先で舐め転がしたあと、肉ひだの中を激しくえぐり回してきて、アタシはその快感にたまらず背中を反り返らせて、喘ぎ悶えちゃう。

「ひあっ、ああっ……んあぁっ！　はっ、はぁ、ああ……！」

そして横目でダンナのベッドのほうを見やると、向こうはハルナさんのほうがフェラチオしてる真っ最中だった。ベッドの上に仁王立ちになったダンナの前にひざまずいた彼女は、巨乳を激しく揺り乱してペニスをしゃぶり、いわゆるバキュームフェラのその迫力はまさに圧倒的！　アタシは嫉妬と興奮がないまぜになったような、えも言われぬ感覚に襲われ、昂るテンションのままに股間にあるタケルさんの頭を押さえつけて叫んじゃってた。

「ああん、もっと激しく！　めちゃくちゃ啜ってぇっ！　ああ……そう、そうよ！　いいわあ！　感じるぅっ……！」

「ふぅ……奥さん、すごい感じ方だなあ。こんなにドロドロに蕩けまくっちゃって……もう早く入れてほしくてたまらないって感じだ。じゃあ、ご要望に応えて突っ込んじゃおうかな、俺の自慢のチ○コ！」

「うん、うん！　入れて入れて！　奥の奥まで突っ込んでぇっ！」

アタシはそう言うと、昂るままに大股を広げて、その中心に彼の勃起したペニスを迎え入れた。太さはそれほどでもないけど、二十センチ近くはあろうかというそのロング・チ○コは、速く激しいストロークで繰り返しアタシの胎内奥深くまで突きまくってきて、ガツンガツンと快感の火花が飛び散るみたいだった。

するとむこうのベッドから、

「ああっ……いいわあ！　オチ○ポ太い〜〜〜っ！　ひいいぃぃぃっ！」

ハルナさんの喜悦の叫びが聞こえてきて、見てみると、四つん這いになった彼女のバックから、うちのダンナがケダモノのような迫力でピストンを打ち込んでた。

「あ、ああっ……んあっ、はぁあ……あひぃ！」

「んくっ、うっ……はひぃ、ひっ……あああっ……」

アタシとハルナさんのあられもなく喘ぐ声が部屋中に響き渡り、もつれ合い……その合間に「ふっ、ふっ、ふ……んっ、ふぅ、うう……！」と、双方の夫たちの荒い息づかいが聞こえ、辺りを生々しく濃密な官能の空気が満たしていく……。

結果、アタシは、ここ最近とんとご無沙汰だった失神しそうなほどのオーガズムに達し、もう大満足！　しかも、まぶたに焼き付いたダンナとよその女との痴態が、その後も絶好の刺激剤として作用して、アタシたち夫婦の性生活もそれなりに復活することができたというわけ。

ほんと、いいこと尽くしのスワッピング体験だったわ。

倦怠期気味のあなた、ぜひ一度試してみて！

第四章

淫らに誘惑されたい女たち

■相手の手が、長袖Tシャツの薄い綿生地越しに私の胸を摑み、グニュグニュと……

初パート出勤の私を襲った満員電車痴漢エクスタシー

投稿者 仁木真由佳（仮名）／27歳／パート主婦

この春先、新年度になった途端、夫の給料が下がってしまいました。わずか五パーセント減といっても、かつかつでやっていたわが家の家計にとっては、とんでもない痛手です。こうなるともう四の五の言ってられません。

それまでは「妻は家にいて夫の留守を守るもの」なんて、江戸時代か！　みたいな古臭い考えに凝り固まった夫がいやがるもので、もっぱら倹約生活にいそしみつつ、なんとか専業主婦してた私でしたが、もう限界です。私はまっ赤っかな家計簿を夫の眼前に突きつけて、「私、働かせてもらいますんで！」と高らかに宣言したのでした。

最初、自宅マンション近所でどこかいい働き先を探そうと思っていたのですが、話を聞きつけたOL時代の同僚から、かつてと同じ業務をパート待遇でやらないかという、ありがたい話をもらうことができました。気心の知れた顔ぶれも多い勝手知ったる職場で、新しく覚えることはほとんどないし、時間的・時給的条件もかなり合わせてくれるということで、そりゃもう願ったりかなったりです。私は二つ返事で雇ってもらうことにしました。

　そして四月も半ばの、ポカポカとかなり温かい日、私は初出勤のために電車に乗りました。幸い最寄り駅から会社のある駅までは急行でノンストップ、所要時間十分で着くというアクセスのよさですが、同時にそれは、通勤時には恐ろしいほどのラッシュになるということでもありました。少しでも早く効率的に通学・通勤したいという乗客たちが、ここぞとばかりにこの電車に集中してしまうわけです。

　そのことがわかっていた私は、その日の高い気温のことも考え合わせ、暑さとギュウギュウの人込みで大汗をかいてのぼせたりしないように、薄手のスプリングコートの下は長袖Tシャツ一枚だけという極々軽装にしました。しかも、肌が弱くすぐあせもになってしまう私は、あえてブラジャーの締め付けを嫌ってノーブラでした。電車の中だけ、ほんの十分だけだから大丈夫かなって……もちろん、出社したらきちんと着替えようと、バッグの中にはブラも替えのブラウスも持参しています。下は、もちろんパンティを穿いた上にジーンズを身に着けていました。

　でもしかし、この準備万端な軽装具合のせいで、まさかあんなとんでもない目に遭ってしまうとは……！

ホームに滑り込んできた電車は、すでにもうかなりの満員状態で、一瞬恐れをなした私でしたが、かと言って乗り込まないわけにはいきません。気合いを入れて足を踏み出し、そのあとは問答無用、ズドドドッ……という感じで、乗降客の人波に呑まれ流されるままに車両中央のほうへと追いやられてしまいました。

立錐の余地もない人込みの中、案の定の暑さに辟易しながらも、私はこの地獄の十分間を乗り切るべく、覚悟を決めて両脚を踏んば……ることができず、電車の大きな揺れのためにバランスを崩し、思わずすぐそばの中年のサラリーマン男性にもたれかかるように、前面から思いっきりぶつかってしまいました。

その瞬間、相手の胸に接触した私のバストが、グニャッとつぶれ歪む感覚が衣服越しに伝わってきました。決して小さくはない私の乳房の柔らかい存在感が向こうにも伝わっちゃったらどうしよう？　そう危惧して相手の顔を窺った私でしたが、幸いその表情に変化は見られず、よかった、気がついてないみたい……と、ホッと一安心したのですが、やはり、それは甘かったようでした。

なんだか胸元がもそもそするので見下ろしてみると、なんとすでに私のスプリングコートの前ボタン二つが外され、その隙間から中年サラリーマンの手がスルリと内側に入り込んでいたのです。

（えっ、マジ……⁉）

思わず顔を上げて相手の顔を見ると、そこにはえも言われずいやらしく歪んだ笑みが浮かんでいました。その顔は、まるでこう言っているようでした。

「こんな満員電車にノーブラで乗ってくるなんて、そんなに揉みくちゃに触られたいのか？　ええっ、このド淫乱女がっ！　ようし、お望みどおりにしてやるよ！」

と、今にもヨダレまで垂らさんばかりのニヤけ具合です。

私は羞恥と恐怖のあまり、抵抗するどころか、声を出すこともできませんでした。ただ体を硬直させ、されるがままになるだけで……。

相手の手が、長袖Tシャツの薄い綿生地越しに私の胸を掴み、グニュグニュと揉み回しながら、時折その先端の突起を指先でねじりつぶすようにしてきました。

「……ひっ……」

敏感な私はその刺激に思わずビクンと反応し、あやうく大きく喘いでしまうところを、かろうじて小さく声を呑み込みました。

まるでその様子を楽しむかのように、相手は私の顔を歪んだ笑顔で覗き込みながら、さらに布地越しにクイクイ、クニュクニュと乳首をよじりもてあそんできて。

「……あ……ん……っ……」

いつの間にか、最初あった羞恥と恐怖の感情が薄れ、私のカラダは肉感的に反応し始めてしまっていました。キュウキュウと乳首がこね回されるほどに、甘美な衝動を覚えるようになってしまっていたのです。その指先の力の入り具合で、乳首がもうかなり勃起しているであろうことが、自分でもいやでもわかります。

「……は、あ……んふ……ん……っ……」

だんだんと、喉元から溢れ出そうになる喘ぎ声を抑えることも難しくなってきます。

（ああ、どうしよう……な、なんでこんなにキモチいいの……？）

痴漢されて感じてしまうなんて、自分で自分が信じられませんでした。

私って、こんなに恥知らずな淫乱女だったの？

と、ひたすら感じ、とまどいまくる私をさらなる衝撃が襲いました。

相手の手が長袖Tシャツの裾をまくり上げ内側に入り込み、とうとう直接地肌に触れてきたのです。おへそのあたりから這い上った指先はみぞおちの上を通り、そしてついに乳房……乳首へと。

「……んくっ……ふ、ふぅ……んんっ……」

男の太く武骨な指先が柔らかくデリケートな突起を直接摘まみ、こね回して……それはもう筆舌に尽くしがたい……快感でした。

いよいよ相手のほうも本格的にエンジンがかかったらしく、乳首に触れていないもう一方の手がうごめくと、私のジーンズのジッパーを下げ、中の下着ごとこじ開けて股間に忍び込んできました。そして、もはやあられもなく濡れそぼってしまっているソコを、クチュクチュ、ヌプヌプと掻き回し始めました。

もう私、完全にダメでした。

人の壁で支えられて倒れる心配がないのをいいことに、ビクビクッと全身を震わせるや、ぐったりとイってしまったのです。

と、そこで電車が私の目的の駅に着きました。

私のカラダをもてあそんだ中年サラリーマンはそそくさと降車していき、私も必死で身づくろいしつつ、遅れてホームへと降り立ちました。

そのあとなんとか初出勤し、無事に初日の勤めを終えましたが、なんだか一日中、朝の痴漢快感の余韻で全身が火照っているような感じだったのです。

■すごいよね、夜の公園の片隅で、二組のカップルがほぼ並んでシックスナインして……

夜桜を見ながら初めての刺激快感に酔いしれて！

投稿者 吉岡理央（仮名）／24歳／フリーター

今日はすっごいあったかいよねー。

そうだなー、夜桜のお花見でも、行こっか？

さんせーー！

ということで、つきあってるセイヤと夜桜お花見デートすることになりました。

でも、お互いにバイトの時間が押しちゃって、結局二人待ち合わせられたのは夜の十時近く。ここらで一番人気のお花見スポットの公園に行ったはいいものの、もうタコヤキとかチョコバナナなんかの屋台もほとんど店じまいしたあとで、花見客もほんのわずか。

なんだか寂しいねー、なんて言いつつ、ライトアップされたきれいな桜を見ながら腕組んで歩いてたんだけど、公園の片隅のけっこう暗い茂みの中で、何やらゴソゴソ動く気配を感じて……。

なになに？

ってアタシとセイヤ、そーっと近づいていって目を凝らして見てみると……そこにいたのは、アタシたちと同じ年ぐらいに見える男女のカップルで、なんとお互いに服をはだけてからみ合ってる最中だったの！

うっわ、この人たち、こんなとこでやっちゃってるよお？

うひょ～っ、いわゆる『アオカン』ってやつだな。

ってセイヤが言って、野外でエッチすることだよって説明されて、アタシ、それまでそういうのやったことなかったから、びっくりすると同時にすっごい興味が湧いちゃって……。

ねえねえ、アタシもしたいよ、そのアオカンってやつ！

ってセイヤに言うと、
え、マジ？　おまえ、チャレンジャーだなあ。

なんて言いながら、それでもまんざらでもなかったみたい。

オレもこれまで一回しかやったことないけど、まあ、スリリングで刺激的なのはまちがいないよな。ほんと～にしたいの？　真剣に？

って念押しされて、アタシ、自分が知らない女とセイヤがやったことがちょっと気にくわなかったけど、まあそれを言えば、こっちだってそういうのあるわけで……気にしないことにして、うん、やりたいって答えてた。

よし、わかった、やろうぜ。そしたらこの際、さらに刺激的に楽しんじゃおうぜ！

セイヤはそう言うとアタシの手を引き、ガサゴソと草むらを掻き分けると、なんとわざわざさっきのカップルから見える場所まで移動してったの。

当然、向こうもそれに気づいて、睨むような目でこっちを見てる。

ちょ、ちょっとちょっと！　何やってんのよ、セイヤ!?

アタシが慌てて言い、引き返そうとすると、セイヤったらこんなこと言うの！

なあ、見てみなよ、向こうもなかなかのイケメンとカワイコちゃんだぜ。お互いに見せ合いっこしながらやると、すっげえ楽しそうだと思わない？

一瞬、ええ～っ!?　と思ったアタシだったけど、ふと向こうのほうを見ると、あっちもどうやらセイヤの思惑を察したみたいで、ニヤニヤしながらエッチを再開したのに気づいて、思い直したのね。

アオカンも見せ合いっこもダブルで初めてなんて……確かに楽しそう！

アタシはセイヤの目を見ながらうなずいて、これでコンセンサスオッケー！

アタシたちは違う茂みに身をひそめると、向こうのカップルのことを意識しながら抱き合い、お互いの服を脱がしてった。

アタシとセイヤ、上半身裸になると、セイヤがアタシの乳首をチロチロと舐めながら、時折チュウチュウ、チュバチュバと吸ってくる。

あ、ああん……はあっ……！

思わず声が出ちゃうアタシに向かってセイヤが言う。

うひょ～！　おい、見ろよ、向こうの子、すっごい巨乳だぜ。

ちょっ……！　アタシはどっちかっていうとオッパイが小ぶりなほうなので、そう言われてがぜんコンプレックスが疼いちゃう。でも、そう言われて見てみると、確かに彼女の胸はすごくてエロくて、なんだか逆にそのコンプレックスゆえに、アタシの中の変なスイッチが入っちゃったみたい。

ふん、何よ！　アタシだって、アタシだって……！

アタシはセイヤのズボンに手をかけるとグイグイと引きずり下ろし、パンツも脱がして素っぱだかにしてやった。そして股間に飛びつくと、チン〇を咥え、無我夢中でフェラし始めた。女はオッパイじゃないわ、テクニックよ！　とばかりに。

すると、セイヤったら、してやったりみたいな顔で嬉しそうに余計にチン〇を突き出してきて……もう、憎たらしいったらありゃしない。でもまあ、アタシも意地でも感じさせてやんなきゃね。

さらに激しくしゃぶってたら、向こうのカップルも、負けてらんねえ！　みたいな感じになって、あっちはあっちでさらに大胆にシックスナインの格好で舐め合い、しゃぶり合いを始めた。

うっわ、エ、エロ～～～ッ！

上になってしゃぶる女の子の巨乳がブルンブルン揺れて、下からそそり立つカレシの勃起したチン○がヨダレを垂らしながらビクンビクンと震えてる！

お、おい、オレたちもやろうぜ！

セイヤも相当刺激されたみたいでそう言うと、アタシのホットパンツと下着を脱がして、とうとうこっちも二人してマッパになっちゃった。

そして、負けずにシックスナインを始めて。

すごいよね、夜の公園の片隅で、二組のカップルがほぼ並んでシックスナインしてる図って……！

そうやって、お互いにどんどんたかぶっていって……アタシたちはもうどうにもたまらない状態に達しちゃってた。

四人の目線がからみ合い、よしいくぞ、みたいにアイコン交わし合って。

セイヤはアタシの体をひっくり返して四つん這いの姿勢にすると、バックから濡れまくったオマ○コにチン○を突っ込んできた。

あ、ああ、ああ～～～～～っ！

って喘ぎながら向こうを見ると、あっちはカレシのほうが仰向けに寝そべって、彼女がその上にまたがると、騎乗位で合体してた。アンアン喘ぎながら腰を振りまくる彼女の巨乳を、カレシが下から揉みまくって……。

あひ、あひ、あん、あん……あ、ああ～～～っ！

んはっ、あ、はぁっ……は、はぁ、ひあ～～～～～っ！

アタシはそうやって二、三回イッちゃって、セイヤも射精した。

向こうもビクビクッて痙攣するように震えたあと、二人してぐったりしてたから、最後までイけたんじゃないかな？　はにかむような笑顔をこっちに向けて、服を着たあと、そそくさと去ってった。

と～っても刺激的でキモチいい、ダブル初体験の夜でした！

■バックから私の濡れた肉びらを押し広げながら、ズブズブと彼の肉棒が押し入って……

愛しい彼とオキテ破りの多機能トイレSEXに燃えて！

投稿者 佐竹麻衣子（仮名）／27歳／OL

約束の時間のもう一時間も前から、私はアソコが疼きまくって仕方ありませんでした。疼いて、蕩けて、溢れ滴って……。

だって、遠距離恋愛してる大好きなコウくんが、いつもなら月に一回は、単身赴任してる名古屋から、私のいる東京に帰ってきてくれるのに、先月は仕事の都合でそれができず、丸二ヶ月も会うことができなかったんです。

だから、ようやく今これから会えるかと思うと……あの大きくて硬くておいしいチ○ポを思いっきり頬張れる期待に、私のアソコがよだれを垂れ流してときめいちゃうのを、一体誰に責めることができるでしょうか？（笑）

そしてとうとう新幹線の到着時刻になり、改札にコウくんの姿が現れました。

あ～ん、いつ見てもカッコいいなあ～っ！

早く……早く、あの引き締まったたくましいカラダに抱きしめられたいよ～っ！

「ただいま。ごめんな、先月帰れなくて」

「ほんとだよ〜っ！　私もう寂しくって死んじゃいそうだったんだから！」

「とか言って、淋しいのはキモチよりもカラダのほうだったんじゃないのか？　この会えなかった二ヶ月の間に一体何回オナニーしたんだ？」

　セックス大好き、というよりもセックス依存症といってもいい私の本性をしっかりお見通しの彼は、わざとそんなイジワルなこと言って、余計に私のエッチな欲望を煽ろうとします。私は彼と腕を組んで駅の出口に向かって歩きながら、その耳元に向かって正直に言います。

「えっとね……二日に一回だから、だいたい三十回ぐらい」

「マジか？　このインランOLがっ！」

「何言ってんのよ！　そんなふうにしたのは一体誰よっ⁉」

　私はわざと怒ったふうに言って、歩きながらこっそりズボンの上から彼の股間を摑んでやりました。ああ、まだ平常時なのに、このボリュームたっぷりの存在感……もう、たまんないよ〜っ！

　そう、言っときますけど、私がインランなのはあくまでコウくんに対してだけ……彼のチ〇ポに操を捧げてるんです（笑）。だから、どれだけ他の男からちょっかい出されても、絶対になびいたりしません。

こう見えて、純情インランOLなんです。

「おいおい、ちょっ……そんなに激しくまさぐられたら、勃っちまうじゃないか！　や、やめろって……」

私の愛撫に反応して、たちまちズボンの下で硬く膨らんでいく、愛しいコウくんのチ〇ポ……そして、自分は触られてもいないのに、ジュンジュン熱くぬかるんでいく恥知らずのアソコ……。

もうダメ！　限界！

私は彼の手首をぎゅっと強く摑むと、速足で歩きだしました。

「ちょっ……おい、どこ行こうってんだよ？　なあ、マイコ⁉」

いつもなら一人暮らしの彼のマンションまで行くんだけど、そこに着くまでにはたっぷり一時間はかかります。欲望が限界まで溜まった今日は、とてもそんなには待てません。きっとアソコが決壊しちゃいます。

私は彼の手を引き、一直線にある場所を目指していました。

それは地下街の一角にある、多機能トイレ。

そう、あのゆったり広々、四畳半はありそうな個室トイレです。

あ、もうわかりました？　私が何をしようとしてるか？

……はい、正解です！

とてもじゃないけど彼のマンションまで待ちきれそうにもない私は、今この手近にある多機能トイレでエッチしようと思い立ったんです。

そしてそこにたどり着き、運よく使用中じゃなかったそのドアに手をかけた段になって、ようやく私の意図を悟ったコウくんは、

「マ、マジかっ⁉　こ、ここでやろうってか？　おいおい、さすがにそりゃマズイだろ！　迷惑だって……なあ！」

と言って躊躇しましたが、私は毅然として（笑）、

「大丈夫！　もうこんな遅い時間だと、いつもほとんどこの辺通る人もいないの、私知ってるから！　誰にも迷惑かけないって！」

と答え、引き開けたドアの中に一気に彼を連れ込みました。

そしてしっかりと中からロックすると、そのドアを背にして彼を真正面から見つめ、

「ね、お願い。して？　私のココ、コウくんのチ○ポでいっぱいにして？」

と言いながら、ブラウスのボタンを外して前をはだけると、ブラジャーを外してオッパイを露出させました。自慢のGカップの乳房がぷるんと揺れ弾み、彼を誘います。

「……う……っ」

　するとさすがにコウくんの目の色が変わりました。

　一瞬にして欲望にギラつき、そのケダモノのような視線が私に突き刺さってきます。

「マイコ……っ……！」

　彼は持っていたボストンバックと脱いだスーツの上着を、ドサッと荷物台の上に置き、カチャカチャと音をさせてズボンのベルトを外しにかかりました。そして汚さないように注意しながらズボンと下着を脱いで、下半身丸出しになりました。上はYシャツにネクタイという姿なのでちょっと間が抜けてますが、今やメス犬のような獣欲に狂った私にとっては、ひたすら興奮を煽る姿にしか映りません。

　Yシャツの裾を押し上げながらニョッキリと突き出し、屹立している、私が愛してやまない巨大チ○ポ……！

「ああ、コウくん……好きっ！」

　私はスカートが汚れることも気にせず彼の前にひざまずくと、その勃起チ○ポを無我夢中でしゃぶり始めました。

　玉袋を手で揉み転がしながら、はち切れんばかりに膨らんだ亀頭をレロレロと舐め回し、吸いたて……反り返った極太の竿の裏筋を何度も何度も舐め上げ、舐め下ろし……ますます勃起度が上がっていくようでした。

「ううっ、マ、マイコ……っ！　これ以上されると、オレ、もうヤバそうだよ……」

せつなそうな彼の声に私は応え、

「はぁはぁはぁ……うん、私はもういつでも準備ＯＫだよっ！　さあ、早くコウくんのおっきいチ〇ポ、オマ〇コに突っ込んでぇっ！」

自らストッキングとパンティを膝上辺りまで引きずり下ろすと、ドアに両手をつき、彼に向けて剝き出しのお尻を突き出しました。そこから、あられもなく溢れ流れ出した淫汁が滴っているのが自分でもわかりました。

彼の両手が私の尻肉を摑み、チ〇ポの熱い先端がアソコにあてがわれました。

「よし、入れるぞっ！　……んむっ、んんんっ……！」

「……あひっ、あ、ああ、あああ……」

バックから私の濡れた肉びらを押し広げながら、ズブズブと彼の肉棒が押し入ってきて、一旦奥まで当たったかと思うと、続いて激しいピストン運動が始まりました。

丸二ヶ月ぶりの愛しい愛しい肉感です。

ズンズンと抜き差しされるたびに、待ちに待った快感の火花が爆ぜます。

「んあっ、あっ、あひっ……ひぁぁっ……！」

「おおう……マ、マイコッ……すげえいいよ……やっぱりオマエのマ○コ、最高だよ～っ……ん、んくぅ……！」

「ああ、コウくん、コウくん……っ！　いいっ、いいのぉ……オマ○コよすぎておかしくなっちゃいそ～～～～っ！」

そして挿入後ほんの数分で、クライマックスがやってきました。

せり上がってくる燃えるような快感に呑み込まれ、私は頭の中が真っ白になりながら昇天してしまっていました。

「あ、ああ……イ、イク～～～～～～ッ！」

「オ、オレも……イ……クッ……！」

続いて私の中で、コウくんの精が炸裂しました。

まさに嵐のような怒濤のカイカン・タイム。

そのあと、コウくんのマンションに向かい、改めてじっくりと愛し合ったのはいうまでもありません。

■三宅さんが私の乳首を舐めしゃぶり始めると、田中さんはパンツを脱がしてきて……

妻のマンション内主婦友二人に誘惑されハメさせられて

投稿者　秋村悟（仮名）／32歳／会社員

私の携帯が鳴ったのは、仕事を終えて自宅マンションに帰り着き、居間のソファの上にカバンを放り投げ、ネクタイを緩めようとした、そのときでした。ちょうど夜の九時を回った頃でした。

表示を見ると、妻のあかりからでした。

「もしもし？　なんだ、まだ終わってないのか？」

と、応えると、聞こえてきたのは思いがけない相手からの声でした。

「あ、ご主人、ごめんなさい！　奥さんの携帯からかけさせてもらってます……私、四〇一号室の三宅といいます」

「あ……そうでしたか、こちらこそすみません。あの、うちのは今……？」

一度だけ会ったことのある、マンション内の妻の主婦友達にそう訊くと、

「あの、奥さん、飲みすぎちゃったみたいで、その……すっかりつぶれちゃって……

「ご主人、申し訳ないですが、迎えに来てもらえませんか？」

あ～、あいつときたらまた悪いくせが出たか……。私はそう苦虫を噛みながら、酒に呑まれやすい妻のことを心の中でののしりました。

今日は、さっき携帯で話した三宅さんの誕生日を、マンションの主婦友仲間で祝うということで、夜の八時くらいまで彼女の部屋でパーティーしてるから、あなた、晩ごはんは外で食べてきてね～、とは聞いていていました。だから言われたとおり外で晩飯を食い、余裕をもった時間に帰ってきたのですが……まったく。

「はいっ、わかりました！　すぐに伺います。ご迷惑かけてすみません！」

私はネクタイを緩める手を止め、勤め帰りのスーツ姿のままで部屋を出て、四〇一号の三宅さん宅へと急ぎました。うちは二〇三号室なので二階上です。

「こんばんわー。すみません、秋村です！」

チャイムを押すとすぐに三宅さんが出てきてくれて、室内へと招き入れてくれました。たしか私と同年代の三十前後だったと思いますが、相変わらず美人で、ゆったりとした白シャツの胸元は上のボタンが三つほど外れて、その豊かな胸の谷間が覗いていて……思わずドギマギしてしまいました。

「ご主人、ごめんなさいねー、私たちのほうが調子に乗って飲ませすぎちゃったものだから……あまり奥さんを怒らないでくださいね」

「そうそう。私たちも今日は、ダンナ連中が仕事で揃っていないものだから、ついつい羽メを外しちゃったのよねえ」

と、三宅さんのあとから出てきたのは初対面の女性で、五〇二号室の田中さんだといいました。三十半ばくらいの年回りで、豊満な三宅さんとは逆に、スラリと細身な肢体がなかなかそそる、スレンダー美人でした。

「いやいや、こんなの自己責任ですから。まったく……おい、あかり！　起きろよ！　ほらほら……っ」

私はそう声をかけながら、すっかり酔いつぶれてソファに横たわる妻の体を揺り動かしたのですが、例によって滅多なことでは起きそうにありません。

すると、

「まあまあ、あんまり無理しないで。……そうだ、この際だから、ご主人もちょっと飲んでいかれません？　そのうち奥さんも酔いが覚めるかもしれませんから」

と、三宅さんが言い、それに田中さんが「そうね、それがいいわ、ね、ね、そうしましょ？」と続き、けっこうなし崩し的に私は渡されたグラスにワインを注がれてしまいました。まあ私も嫌いなほうじゃないので、一瞬だけ遠慮したあと、「それじゃあ、お言葉に甘えて……」とグラスに口をつけ、ぐいぐいと飲んでしまいました。

「まあ、いい飲みっぷり！」二人はそう言ってはしゃぎながら、ソファの真ん中に座った私を左右から挟む格好になると、次々とワインやらビールやらを注いできました。

私もすっかり調子に乗ってしまい、次から次へとグラスを空けていったのですが、そのうち二人がしっかりと体を密着させていることに気づきました。

三宅さんのこぼれんばかりの豊満な胸がグイグイと私の二の腕に押しつけられ、短めのスカートからにょっきりと伸びた、黒いストッキングに覆われた田中さんの美脚が私の太腿にスルリとからみついています。

（お、おっと……これってもしかして……？）

さすがの私も、今まさに二人の魅力的な人妻が、完全にソノ気でグイグイと押してきていることに、気づかないわけにはいきませんでした。

（で、でもマジか？　すぐそこに、俺の妻が寝てるんだぞ？）

そのシチュエーションにビビり気味の私でしたが、逆に彼女たちはそこに異常に燃えているようでした。

「ああ、ご主人、やっぱりイイ男ね……カラダも引き締まっててステキ！」

「ほんと、三宅さんが言ってたとおりのイケメンね！　たまんないわぁ！」

そう口々に言いながら、二人で奪い合うようにして私の唇をむさぼってきたんです。二つの舌がニュルニュルと私の口内でうごめき、私の舌にからみつき、まるで妖しい三匹の毒蛇がのたくっているようです。

「さあさあ、こんな服なんて脱いじゃいましょ」

三宅さんはそう言うと、私のスーツの上着を脱がせ、ネクタイをほどいてYシャツのボタンを外してきました。私はYシャツの下に下着をつけるのが好きじゃないので、はだけられた裸の胸を彼女たちの指が這い回り、乳首をいじくってきました。

「……んっ、あ、ああ……」

その快感に私が喘ぐと、がぜん二人も盛り上がってしまったようで、すごい勢いで自ら服を脱ぎだし、あっという間に全裸になりました。そして三宅さんが続けて私の乳首を舐めしゃぶり始めると、一方の田中さんは私のズボンとパンツを脱がしてきて、あらわになったペニスにむしゃぶりついてきました。それまでの愛撫でもうすっかり勃起してしまっていたソコは、彼女のかなり年季の入った濃厚なフェラテクに責めたてられ、乳首の快感とあいまって、たまらず射精してしまいました。

「あうっ！　……はぁ、ああっ……」

「んぐっ、うう……んぐ、んぐっ……ああん、すごいいっぱい！　ご主人のザーメン、すっごいおいしいわあ！」

　田中さんはそう言って私の放出を飲み干すと、柔らかくなったペニスを再び激しくしごきながら言いました。

「ねえ、こんなに立派なカラダしてるんだもの、まだまだいけるわよね？　今度はこれで、私たちのマ〇コをたっぷり楽しませてちょうだい！」

「そうよお！　こんなんで終わりだなんて言ったら承知しないからあ！」

　三宅さんもそう言いながら、さらに私の乳首をねぶり回してきて、彼女たちのその執拗なダブル愛撫に、私はほどなく、また固くみなぎってしまいました。

「ああっ、そう、そうよ！　これよ、これをちょうだい！　じゃあ田中さん、私が先にいただくけど、いいわよね！」

「え〜っ！　……うん、まあいいわ、私、さっきいっぱいしゃぶらせてもらったものね。どうぞ、オチ〇コ、思いっきり味わっちゃってちょうだい！」

　それを受けた三宅さんが私の股間の上にまたがり、腰を沈めてオマ〇コでペニスを呑み込んできました。ぐっしょりと湿った生温かい肉の感触に締めつけられて、私はますます硬くしたイチモツを下から突き上げまくりました。

「うう〜っ、お、奥さんっ！　オマ〇コ、最高にいい具合です……！」

「ああん、ああ……私もいいわぁっ！　オチ〇コ、奥までグングンくるのぉ！」

「お、奥さんっ……あ、あああっ……！」

「ああ、イク……イクわぁっ……ひあああぁっ！」

三宅さんが最後に一言そう叫んで、ぐったりと脇にくずおれました。

「さあ、次は私のオマ〇コにちょうだいっ……！」

そして休む間もなく田中さんのオマ〇コが私を喰い締め、騎乗位で激しく揺さぶってきて……！

「んくぅっ……で、出るぅっ！」

「んあっ……あ、あたしも……イッちゃう〜〜〜〜〜っ！」

私が二発目の射精をぶちまけると同時に、田中さんもイキ果てていました。

こうして私が二人の人妻をハメ倒している間も、妻のあかりはまったく目を覚まさず、あとで聞いてもこれっぽっちも何が行われていたか知りませんでした。

気持ちよかったけど、すごく疲れた一夜の出来事でした。

■ピタリと密着した彼が、私の背後からブラジャー越しに乳房を揉み上げてきて……

飼い猫がしでかしたオイタの代償に肉体を求められて

投稿者 浅村美玖（仮名）／31歳／専業主婦

その日のお昼前、いつものように洗濯を済ませ、さてランチはどうしようかな、と考えつつ辺りを見回すと、飼い猫のシビルの姿が見当たりません。

まあ、いいわ。私が何か食べだせば、そのうち出てくるでしょう。

そう思い、冷蔵庫の中の食材を物色し始めたときのことでした。

玄関のチャイムが鳴ったので、そちらに向かいドアの覗き窓から外を見てみると、なんとそのシビルが、一人の男性に抱えられている姿が！

慌ててドアを開けると、その男性はなんとなく見覚えのある顔でした。

「これ、お宅の猫ちゃんですよね？　さっき僕の部屋にいきなり入ってきて、昼食のおかずのシャケを食べちゃったんですけど……」

「えーっ！　ご、ごめんなさいっ！　うちの子、そんな悪さ、今まで一度もしたことないのに……なんてお詫びしたらいいか……っ」

と、うろたえつつ答えながら、私は彼のことを思い出しました。たしかすぐ裏のアパートに住んでる人……真島さんっていったっけ？　ゴミ出しのときに何度か顔を合わせたことのある……。

「あの、とりあえず上がってください。今、お茶入れますから……あ、それともゴハンのほうがいいかしら？　お宅のシャケ食べちゃったんなら……」

などと、私は混乱してちょっとへんなことを言ってしまいましたが、彼は苦笑気味に「いや、いいです。メシ食う気が失せちゃったんで。お茶、もらおうかな」と言い、私は室内へと通しました。

彼が床に下ろした瞬間に「ニャ〜ッ」と一声鳴いて二階へと走り去ってしまったシビルを見送ったあと、彼にダイニングテーブルについてもらい、私はお茶を入れて出しました。そうやってしばらく無言で向かい合っていたのですが、

「……で、このお宅の猫がしでかした不始末、どう落とし前をつけてもらえるんですか？　まさかシャケを弁償すれば済むとか思ってないですよね？」

と、おもむろに彼が言いました。

「い、いえ、そんなことは……でも、一体どうすればいいですか？」

私は物怖じしつつ、彼の真意がわからず聞き返しました。

たしかこの真島さんは独身の一人暮らしだったはずですが、こんな平日の昼間に家にいるなんて、まともな勤め人じゃないのかな……見た目はわりと普通な、自分と同年代と思しき男性でしたが、実際にはそのプロフィールを知らない私は、いくばくかの警戒心を抱かざるを得ませんでした。

するとと彼は、えも言われず歪んだ笑みを浮かべて、こう言ったんです。

「奥さんの……カラダで詫びてもらうっていうのは、どうかな?」

「……は?」

一瞬、彼が何を言っているのかわかりませんでした。が、すぐにその意味を悟り、少し声を荒げて言いました。

「わ、悪い冗談、やめてください!　私に指一本でも触れたら、大声出しますよ。そしたら、ご近所中に知られて……」

「……知られて、困るのは、あなたのほうなんじゃないですか?　こんな真っ昼間から近所の男を自宅に連れ込んで何してるんだ、おおかた不倫の痴話ゲンカでもして逆上した挙句、叫んだんじゃないのかって、みんな思うんじゃないのかなあ?」

と彼に言い返され、私は「そんなばかな……」と言いつつ、一方で「まさか……」と、その口車に乗せられる格好で、急に不安になってしまいました。

彼は立ち上がって、そうやって委縮している私のすぐそばに近づいてくると、耳元でこう囁いてきました。

「ほんとはね、オレ、もうずっと奥さんのこと見かけるたびに、ヤリたくてヤリたくて仕方なかったんだ。ここ最近なんて特にほら、急に温かくなってきて薄着になったもんだから、奥さんの豊満なカラダにイヤでも目が吸い寄せられちゃって……この二、三日で奥さんをオカズに五発もヌいちゃったほどさ……」

耳朶を熱い息でくすぐりながら囁かれるその言葉に、私は恐れを感じると同時に、カーッとカラダが火照ってくるのを否定できませんでした。

私を、毎日のように、密かに視姦して、自慰行為に耽っている、男がここにいる……そう思うと、なんだかたまらない気持ちになって……体中を淫らな血が駆け巡り、乳首は固く突き立ち、アソコはズキズキ疼き、ジュワジュワと淫靡な泉が湧き出して。

「あれ、どうしたの？　なんだか息が荒くなってきたみたいだけど……？」

彼がいやらしい声音でそう言い、私の肩に手をかけてきた瞬間、全身を電流が走り、カラダがビクッと激震してしまいました。

「だ、だめ……やめ……て……っ……」

「ふふふ、またまたぁ。カラダはそうは言ってないみたいだよ？」

そう言い、背後にピタリと密着した彼が、私のニットの裾から手を入れて這い込ませ、下からブラジャー越しに乳房を揉み上げてきました。

「……んあっ、あはぁ……あっ……」

「ああ、やっぱり想像どおり、たっぷりして柔らかい、いいオッパイだぁ……くそ、こんなブラジャー、邪魔だ！　取っちゃうからね」

彼はそう言って私のブラジャーを外してしまい、無防備になった乳房を直に摑み、ムニュムニュと揉みしだいてきました。さらにコリコリと乳首をこねられて、どうしようもない快感に悶絶してしまいます。

「いやぁ……はぁ、あ、あん……んふっ、ああ……」

「ほらほら、乳首ビンビンだよ？　こんなに感じて、もうチ○ポを入れてほしくてしょうがないんじゃない？」

彼はそう言うと、ズボンを脱いですっかりいきり立った男根を、私の鼻面に突きつけてきました。まるで二日ほどお風呂に入っていないような、汗臭くすえた臭いがしましたが、その隠し立てのない剝き出しの欲望ゆえからか、私はもはや恐れを忘れ、異常なほどの興奮に覆われてしまったんです。

「……ああ、ちょうだい……このくっさいオチ○ポで、私の汚いオマ○コ、いっぱい突いてちょうだいっ……！」

　そんなあられもない私の声に応え、彼は私を立たせると、スカートも下着もずり下ろして、あらわになったアソコにバックから突き入れてきました。入れるや否や、ものすごい勢いでピストンが私の肉ひだを穿ち引き裂き、襲い来るその猛烈な快感に、私はご近所に聞こえないよう必死に声を押し殺しながら、喘ぎ悶えてしまいました。

「……んふぅ……はっ、あ、あん……あふ、うう……んぐぅ……」

「ああ、いい……締まるぅ……う、うう……だ、出すぜぇ……！」

　彼のその一声に、一瞬「ヤバい」と思いましたが、すべてはもう遅く……私は背後から注ぎ込まれる熱い体液を感じながら、イキ果てていたのでした。

「ありがとう、よかったよ、奥さん。これで今日のことはご破算ということで。でも、またしたくなったら、いつでも声をかけてくれよな？」

　彼はそう言って帰っていき、私はちょうどそこへ二階から降りてきたシビルを見ながら思いました。この子ったら私をこんな目にあわせて……罰としてゴハン抜き？

それともご褒美においしいオヤツあげちゃおうかしら？

■彼女はお互いの乳首を密着させながら、下のほうで指を私のアソコに挿し込んで……

失恋の傷心旅行は女同士の官能に濡れて

投稿者 森本はるか（仮名）／25歳／公務員

とっても悲しい大失恋をしてしまいました。

相手は私が勤める市役所の先輩男性だったのですが、私はもう本気でその人のことが好きで、向こうももちろんそう……近い将来、てっきり結婚するものとばかり思っていたのが、ある日いきなり、彼が別の女性と結婚するという事実を知らされて。彼女はうちの部署の上司の娘で、彼としてはこれでその上司の覚えもめでたく、将来的には安泰……いわば逆タマに乗ったといえるでしょう。

ほんのつい先週まで、そんなことおくびにも出さず、私たち楽しくデートして、彼は好き勝手に私のことを抱いていたくせに……！

手ひどい裏切りの仕打ちを受け、私は「男なんてもう絶対に信じられない！」と、完全に男性不信に陥ってしまいました。

そしてその最悪の傷心状態を癒そうと、有休をとって一人旅に出かけることにしました。ガイドブックでよさげな温泉宿を物色し、これぞと思ったところに連絡を入れると、まだ春休み前でオフシーズンということもあり、すんなりと予約がとれました。

よし、一人で好き勝手に旅して、温泉浸かって、おいしいもの食べて……とことん楽しんで、昨日までの悲しい日々はリセット！　リフレッシュして、また元気に仕事がんばろっ！　ただし、男は当分こりごりだけどね（笑）。

そんな前向き気分に胸膨らませ、私は当日、北関東の某県へと出かけ、目当ての旅館に投宿しました。

決して大きくはないけど、従業員の皆さんのおもてなしの気持ちも嬉しい、とってもアットホームで素敵な宿で、もちろん料理もすばらしかった！　新鮮な海の幸、山の幸が、これでもかと盛り込まれた彩り豊かなメニューの数々に舌鼓を打ち、もうお腹いっぱい！　おかげでしばらく動けなかったほどです。

そして夜の八時すぎ、ようやくお腹も落ち着いた私は、この宿のもうひとつの目玉である、泉質がよいと評判の露天風呂に入ることにしました。ゆっくりと熱いお湯に浸かり、疲れた体はもちろん、傷み荒んだ心も癒えてくれることを願って。

浴衣に着替え、入浴支度をして浴場へ行くと、さすがオフシーズン、まだ決してそんな遅い時間でないにもかかわらず、客は私一人しかいませんでした。

貸し切り状態かあ。ちょっと寂しい気もするけど、まあ、ゆっくり広々と愉しみましょう！　と、私は裸になってタオルを持ち、浴衣等をロッカーにしまって施錠すると、ガラス戸を開けて屋外へ出て、掛け湯をしてさっと体を流したあと、しずしずと湯船に身を沈めました。最初はかなり熱く感じましたが、慣れてくると柔らかな当たりのお湯の感触が実に心地よく、そのあまりの気持ちよさに私はうとうとと恍惚の境地に呑み込まれていってしまいました。

それからどのくらいの時間が経った頃でしょう？

屋外には時計がないので時間はわかりませんでしたが、たぶんかれこれ三十分後くらい、私は何かの気配で目を覚まし、まだ幾分ぼんやりとしながら辺りを見回しました。そして一瞬、思わず心臓が止まるかと思いました。

なんと、ゴツゴツとした露天風呂の岩場の壁を背にして座っている私のすぐ横で、見知らぬ女性がまるで寄り添うようにして、こちらを窺っていたのです。

「……ひゃっ！　な、な……！」

「あら、ごめんなさい！　驚かしちゃった？　いや、あなたがあんまり可愛い寝顔してるもんだから、ついつい見とれちゃってたの」

「は、はあ……」

驚く私に対して、彼女は悪びれる様子もなくそう応え、にっこりと微笑みました。

あらためてしげしげと見ると、彼女は年の頃は私よりまああ上……三十少しすぎくらいでしょうか？　色白の美人さんで、細身の私と違っていかにも柔らかそうで豊満な体は、思わずうらやましくなってしまうぐらい魅力的でした。

「ね、寂しいから、一緒にこうしててもいい？」

彼女はそう言い、普通だったらちょっと訝しんでしまうようなセリフだったのでしょうが、そのあまりに人懐こい笑顔についついほだされて、私は「は、はい」と答えてしまっていました。

すると、それを機に彼女は一気に態度を豹変させました。

人懐こいタヌキ顔（？）が、妖艶な女豹のように変わり、湯船の中でぴたりと肌を密着させてきました。からみつくようなその艶めかしい感触に、私は自分の心臓が破裂せんばかりに激しく打ち始めるのを感じました。

「あ、あ、あの……さすがにそれは近すぎなんじゃあ……？」

私が声を上ずらせながら言うと、

「いいじゃないの、女同士。これも何かの縁だと思って仲良くしましょ？」

臆することなくそう応え、身を離すどころか、さらに強く体を押しつけ……なんと私の首すじに唇をつけ、ペロリと舐めてきたのです。ゾクゾクゾクッ！　と、体中を甘い戦慄が走りました。私はまるで魅入られたように抵抗できませんでした。

「あ、ああっ……な、何するの……？　や、やめて……」

辛うじて口ではそう言うものの、それに反して体はピクリとも動かず……いや、むしろ、彼女にもっと愛撫をおねだりするかのように、自分のほうから重心を向こうに預けてしまい……。

「うふ、かわいい……いい子ね。一目見てわかったわ。この子、男に痛い目にあったに違いないって。傷心の一人旅。そしてその傷を癒してくれる『何か』を、心と体の奥底から求めてるって。どう、図星でしょ？」

と言われても、自分ではわかりませんでした。

でも、そう言われ、こんなふうにされても嫌がらないのは、彼女の言うとおりだから？　男に手ひどく裏切られた傷を癒してくれるのは彼女……『おんな』ってことなの？　頭の中で、そんなふうな混乱ととまどいの渦が巻き起こっていました。

「あ、あの……私……っ……」

「いいの、いいの、何も言わなくて、ぜんぶ、あたしに任せて。ね？」

今やもう私は、彼女という淫靡なヘビににらまれた無垢なカエルでした。

彼女は私の唇を割って舌を差し込み、ヌルヌルとからめ、ジュルジュルと唾液を啜り上げながら濃厚なキスで犯しつつ、私の胸に触れ、指先で乳首を摘まみコリコリとこね回し愛撫してきました。温泉のお湯の心地よい感触とあいまって、えも言われず甘美な陶酔が私の全身を包んできます。

「ん、んん……あ、あふぅ……う、うくぅ……！」

「ああ、かわいい！　乳首こんなに立てちゃって……」

そう言うと、彼女は今度は私の上半身を湯船から引き上げるようにして、乳首に吸いつき、チュウチュウと吸い立ててきました。

「んはっ！　……あ、あんっ……はぁっ……っはぁっ！」

もうあまりに気持ちよくて、ほとばしる喘ぎ声が抑えられません。

次に彼女はしっかりと私を抱きしめるようにすると、お互いの乳首を擦り合わせ、つぶし合うようにしながら密着させつつ、下のほうで指を私のアソコに挿し込んできました。もうとっくに濡れていたソコは、ヌルヌルといとも簡単にそれを呑み込み、ヒクヒクと妖しくうごめきながら、より胎内の奥深くへと引きずり込もうとするかのようでした。

「あんっ、はぁっ、あうん……くはっ、はぁ……ああっ！」

「ああ、とっても気持ちいいのねっ！　あたしも感じてるわぁっ！　ああん、あ……」

私の喘ぎに、彼女のほうもさらにあられもない言葉で応えながら、湯船の中で複雑にお互いの体勢を操作して、双方の股間が密着し、肉ひだがからみ合うようにしてきました。そして粘液まみれの二つの肉割れが、より深く強く感じ合うように、激しく腰を突き動かしてきて……！

「ああっ、ああ！　か、感じるぅ……す、すごいぃっ！」

「んあぁっ……あ、あたしもいいわぁっ……ああっ！」

湯船はザブザブと激しく波立ち、目には見えないけど、混じり合った二人の淫らな愛液がそこらじゅうに満ち満ちているかのようです。

その後、私たちは彼女の部屋へと場所を移し、一晩中たっぷり、ねっとりと愛し合い、むさぼり合ったのでした。

彼女とはあくまで行きずりの一夜限りの関係で、その正体も定かではありませんが、おかげでスッキリ気持ちよく、すべてをリセットすることができました。

気分一新、あらためてがんばることができそうです。

■私は右手で彼の乳首を、左手で彼の股間を、それぞれ同時に愛撫してあげて……

イケナイ秘密のヨガ・レッスンをあなたに

投稿者　篠塚美波（仮名）／30歳／ヨガ・インストラクター

私、ヨガのインストラクターをやってるんですけど、このご時世、密は避けなきゃということで、大人数での教室活動は控えて、生徒さんと私の一対一での個別指導っていう形をとらせてもらってます。当然、業務効率的には悪くなるので、生徒さん一人あたりの講習費はお高くなりますが、おかげさまで入会する方は引きも切らず、ありがたいことに大繁盛してます。

といっても、これには実はからくりがあって……それは私の場合、気に入った生徒さんに対しては特別サービスというのがあって、これが大評判なんですねー。もちろん、それはズバリ、アッチのほうのサービスなわけで、極々たまに女性の方もいらっしゃいますが、基本は男性向けってことになりますね。

ただ、こんなことがもし大っぴらになれば、私もこの仕事をやめざるを得なくなるんですけど、なんといっても私自身、根が大スキなもので……ついついズルズルと……あはは。

たとえば昨日もこんな具合でした。

その生徒さんは初めての方で、安本さんといい、二十六歳のサラリーマンでした。もうずっと在宅のリモートワークということで、運動不足&ストレス解消のために、うちのヨガ教室に入会されたということでした。

で、初めての顔合わせで一目見るなり、私、彼に恋しちゃったんです。

だって、私の大好きな俳優の横浜◯星くんそっくりだったんだもの～！　もう、めちゃくちゃイケメン！　思わず私の中のいつものエッチな虫が騒ぎ始めました。

思いっきり気持ちよくなってもらって、彼に喜んでもらいたい！

そう思うと、もう気分はムラムラ、カラダはムズムズ……レオタードの下で勝手に乳首が立ち、アソコが潤んでくる私がいます。

基本的な呼吸法やポーズ、それを応用して彼が個人的に望む効果が得られるテクニックといった、一連の指導を終えた頃には、ほぼ一時間近くが経っていました。講習時間はあともう一時間あります。

さて、ここからが私的には本番。

彼は、先に聞いていた一連のカリキュラムが終わったというのに、なんでこんなに時間が余ってるんだろ？　……的なちょっと怪訝な顔をしてます。

そこで私はそっと近づいて言うんです。

「さて、このあともし安本さんがお望みなら、他のヨガ教室では絶対に体験できない特別な指導をして差し上げようと思うんですが……如何しましょうか？」

「え、特別って……？」

「たとえば、こんな……」

私は彼の質問に言葉ではなく態度で答え、彼のぴったりとしたスパッツの股間のふくらみをサスサスと撫で回しました。

「……え？　こんな美人の先生が、そういうことしてくれるんですか？　ちなみに、おいくらですか……？」

彼はちょっと驚きながらも即座に対応してくれて、そう訊ねてきました。

「はい、プラス五千円になります。正直こちら、私の個人的楽しみも兼ねておりますので、特別大サービス料金とさせていただいてます」

私が自分のレオタードの肩紐を外してオッパイをチラ見せさせながら答えると、彼はゴクリと生唾を飲み込み、言いました。

「はい！　特別指導、受けます！」

「うけたまわりました。ありがとうございます」

私はそう言うと、続けてレオタードを脱いで素っぱだかになりました。そして彼にも上のTシャツを脱いで上半身裸になってもらうと、そのままブリッジの体勢をとるよう言いました。あまり体が柔らかくない彼は、ちょっと苦労しながら言われたとおりにして、私はそのちょうどお腹の上あたりにまたがる格好をとりました。でも、ここがデキるヨガ・インストラクターの面目躍如、彼の上に全体重はかけず、自分の筋力とバランス能力を駆使して、負荷は半分以下に軽減しています。

そしてそのまま、右手で彼の乳首を、左手で彼の股間を、それぞれ同時に微妙なタッチで愛撫してあげるんです。

「……あ、あああっ……ん、んううっ……」

かなり無理な体勢をとらされているゆえに生じる肉体の敏感さが、彼に絶妙の快感を与え、ゾクゾクするような甘い喘ぎをあげさせます。快感のツボ、じゃないけど、これもヨガの知識とテクニックの応用です。

そのうち、彼の股間が反応し、スパッツの下でパンパンに固くふくらんできました。くっきりと形が浮き出た、その亀頭のくびれの部分あたりを、私はコネコネといじくり回してあげます。

「う……ひいっ、せ、先生っ……そんな、た、たまんないですぅ……！」

彼のさらなる喜悦の反応を受けながら、私のアソコもぬかるみを増し、流れ垂れた淫汁がべっとりと彼のお腹の部分を濡らしています。

「ああん、安本さんのコレ、すっごく大きい……私、もう欲しくてしょうがなくなっちゃったあ……えいっ、剝いちゃえっ！」

私はそう言うと、彼のスパッツをずり下ろして、その下の怖いくらいにエレクトしたペニスが跳ね上がるのを、エロエロな悦びをもって確認しました。

「さあ、じゃあちょっとつらいけど、ガマンしましょうねえ！　その代わり、快感も負けないくらいスゴイからねえ！」

私はブリッジさせたままの彼のエレクト・ペニスの角度を、真上に向くよう調整すると、その上から自分のアソコを沈め、ヌブヌブと肉茎を呑み込んでいきました。

「ああっ、あ……あひっ……んああっ……！」

「う、うわ……せ、先生っ……こ、こんなの、スゴすぎるぅ……ああっ！」

「ああ、いいわぁ、安本さん！　固くて太くて……私の膣の奥の奥まで突き破らんばかりだわっ……ああっ……んあっ！」

私はもう無我夢中で、彼の上で腰を激しく上下に上げ下げし、その熱く淫らな肉感を味わいまくりました。

するとgg、急に彼がガクガクと震えだし、泣き言を喚き始めました。

「……っくう……せ、先生、も、もうダメですぅ……お、おれ、限界！　ザーメン噴き出しちゃいそうですぅ！」

「はぁ、はぁ、はぁ……ああ、しょうがないわねえ！　ハッ、ハァ、ハッ……じゃあ、思いきりザーメン噴き出していいですよ！　あ、ああっ……」

「あ、ああっ……せ、先生〜〜〜〜〜〜〜っ！」

彼はそう言って下からの突き上げをがぜん激しくすると、次の瞬間、全身を弓のように大きく反らせたかと思うや、ビクビクビクッと身震いして……私の中に大量の射精を放っていました。

「ふ〜っ、先生、最高によかったです。これで五千円は安すぎるなあ……今度またお願いしてもいいですか？」

「もちろんです。安本さんならいつでも大歓迎ですよ」

まだまだこれから、気持ちよく稼げそうです。

■私はたまらず高広の股間にむしゃぶりつくと、激しすぎるフェラでしゃぶりたて……

義弟となった元カレと交わす禁じられた性の営み

投稿者　黒崎奈緒（仮名）／26歳／専業主婦

妹の理奈が初めて結婚相手を家に連れてきたとき、私は衝撃のあまりしばらく口がきけませんでした。

なぜならそれは、私が大学時代につきあっていた元カレ……須見高広（仮名）だったからです。

でも、卒業の時期になっても彼はたいした就職先が見つからず、私はその将来性を心配して、別れを告げたんです。というのもうちは、子供は私と理奈の女の子二人だけということで、暗黙の了解として長女の私は婿養子を迎えて家を継ぐという使命があったから……就職浪人しそうな甲斐性なしの男と、だらだらとつきあっているわけにはいかなかったのです。

そう告げると高広は、私にすがって懇願しました。

「頼む、奈緒！　捨てないで……別れないでくれよお！　おまえのこと、好きなんだよお！　な、頼むからあともう一年待ってくれ！　きっとおまえの親にも納得してもらえる、いいところに就職してみせるから！　な？」

でも私は首をタテには振りませんでした。一方的に彼との関係を清算し、ほどなくして父の会社の有望株の男性を紹介され、一年半の交際期間を経て結婚……それが今の夫で、うちの家に婿養子として入った彼は、まだ三十歳ながら順調に出世の階段を昇っています。

それから二年、私は専業主婦となり、高広のその後もまったく耳に入ってこなくなりました。そして、彼のことなどすっかり忘れ、日々の家事や一歳の息子の子育てにかかりっきりになっていたある日起こった青天の霹靂が、妹の結婚相手として四年ぶりに現れた、高広との再会だったというわけです。

もちろん、私と彼の過去の経緯はうちの誰も知りません。

これはもうしらばっくれ通して、二人の間の過去に何もなかったかのように、ただの義姉として彼に接し、やり過ごしていくしかありません。

ただ、気にかかるのは、高広の真意……彼は最初から理奈が私の妹だと知ってつきあったのか、それともつきあい始めたあとにすべてを知ったのか？　ということですが、それはある日、思わぬ形で知らされることとなったのです。

その日は日曜で、夫とうちの両親はデパートに買い物に出かけていて留守、息子は二階の私と夫の寝室にあるベビーベッドの上で、すやすやと眠っていました。私は一人、大方の家事を片付けたあとパンの昼食をとり、その流れでぼんやりと居間でテレビを観ていました。と、そのとき、玄関の呼び鈴が鳴り、「はーい」と応えて玄関に向かうと、そこにいたのは高広だったのです。

「な、何？　何の用？」

「おいおい、こりゃまたずいぶんつっけんどんな態度だなあ。仮にも来年にはおまえの義理の弟になる、いわば身内だぜ？　もうちょっとやさしく出迎えてくれてもバチは当たんねえだろ？」

事実は事実、さすがに反論できない私に向かって、

「あ、これ理奈から、お姉ちゃんにって。この間、友達と北海道旅行に行ってきたときの土産だってさ。わざわざ俺が届けに来てやったんだぜ？」

高広はそう言って、ニヤリと笑いました。

今すでに理奈はうちを出て、高広のところで同棲しているのです。

「あ、そう。どうもありがとうございます。じゃあどうぞ、お気をつけて」

私はそそくさとお引き取り願おうとしました。

ところがその瞬間、高広はいきなり私の体を羽交い絞めにして口をふさぐと、そのまま引きずるようにして家の奥へと押し入ってきたのです。

「んんっ！　んんん〜〜〜〜〜〜〜〜っ！」

私は必死に呻いて抗おうとしましたが、たくましい体躯の高広に対してそれは無駄な抵抗にすぎませんでした。

そのまま居間まで押し入られ、私はソファに押し倒されると、問答無用で高広の激しい口づけで唇をふさがれてしまいました。そして同時に彼は服の上から私の胸をまさぐり、無理やり揉みしだいてきたのです。

「んふっ、うぐっ、うう……んぐっ、ふぐぅぅぅ〜〜〜〜っ！」

私は精いっぱい呻きながら抵抗を試みたのですが、悲しいかな、かつて恋人同士として幾度となく肌を合わせた間柄……私の性感のツボを心得た彼の愛撫は精確を極め、的確に繰り出される性愛テクニックに翻弄された私の肉体は、見る見る篭絡されていってしまったのです。

「んあっ、あ、ああ……はぁ、はぁ、はぁ……あうん……」

明らかな私の声音の変化を感じ取った彼は、口を押さえていた手を放し、淫靡な笑みを浮かべながら私のシャツのボタンを外し始めました。

「ふふふ……やっぱりなあ。俺ら、カラダの相性は最高だったものな。気持ちは離れても、そりゃあコッチのほうはそう簡単に忘れられないってか？　お、ほら、こっちのほうも、もうすっかり濡れ濡れだぜ！」

高広は私のジーンズの前から中に手を突っ込むと、パンティもこじ開けて股間の茂みをまさぐり回しながら言いました。ヌチョ、グジュ、ジュブジュブ……と、粘液まみれの恥ずかしい音をたてながら私のそこは啼き、私は、これ以上ない恥辱とどうにも止まらない快感の狭間で、もう頭がどうにかなってしまいそうでした。

「ああ、それにしても長かったなあ……ここに来るまでさ。四年前、おまえにけんもほろろに捨てられてから、俺、見返してやろうと必死にがんばって、ようやくいいところに就職できてさ……でも、そのときにはおまえはもう結婚が決まってて……それでもどうしてもあきらめきれなくて考えついたアイデアが、妹の理奈と結婚しておまえの身内になることさ。それならいくらおまえの家に出入りしても怪しまれないし、周りに警戒されることもないってな」

そう問わず語りに言う彼の言葉を聞き、ああ、やっぱり、最初から理奈が私の妹だと知りながら……と、納得しました。するとなぜか、私の心の中に歪んだ喜びの灯がともるのを感じました。ストーカーまがいの恐るべき行動であると同時に、そこまでして私に近づきたいと願った彼の執念じみた想いが、ある意味、女冥利に尽きるというか……いわば私のためにだしにされた妹・理奈に対する優越感じみたものまで覚える有様で、私は自分で自分のことを怖く思ってしまったぐらいです。

「ふふ、どうせあれだろ？　おまえとダンナ、見合い結婚みたいなもんだから、アッチのほうの相性なんか二の次……ドスケベなおまえのことだから、全然満足してないんだろ？　いきなりのこの感じ方見てればイヤでもわかるってもんだぜ」

高広はそう言いながら、下半身裸になって性器を剥き出しにしました。それはもう十分な固さと大きさに勃起していて、私はこれまで何度も淫らに啼かされた勝手知ったるその形状と威容を目にして、ますます強烈にカラダの中心が疼くのを感じていました。それに応じてオッパイが痛いくらいに張り、アソコが馬の心臓なみに速く激しく脈動して……私はたまらず、高広の股間にむしゃぶりつくと、激しすぎるフェラでしゃぶり、むさぼりました。

「お〜〜〜、いいぜぇ、気持ちいい〜〜〜……やっぱ奈緒のフェラ、最高だな！　ほらほら、久々にしゃぶり合おうぜ！」

私と彼はこの四年間の空白を埋めるかのように、シックスナインでお互いの性器を舐めむさぼり合い、これ以上ないほど魅惑の前戯を味わい尽くしました。

そしてとうとう……、

「よし、それじゃあ久々におまえのココをファックしちゃうぜぇっ！　おっと、その前にゴムはちゃんとつけないとな……っと。はい、準備万端、入れるぞっ！」

「……ああっ、きて！　入れてっ！　……ああ、高広、大好きっ！」

「おう、俺もだ！」

「あっ、あぁっ……はっ、はぁっ……あん、あああぁぁ～～～っ！」

「ああっ！　やっぱおまえのオマ〇コ、最高だ……と、溶ける……締まるぅ！」

「くはっ、ああ、あ……イク、イク、イクゥゥゥ～～～～～！」

それはまさに四年間の肉欲の飢えを癒す、究極の快楽の一瞬でした。

最初こそ、思わぬ形での高広との再会に、恐怖じみたものを感じた私でしたが、今ではお互いの家を怪しまれずに出入りし、秘密の関係を続けられることに、言い知れぬ喜びを感じています。

この先も夫と高広と……二人の男に愛されながら、女として充実した日々を過ごしていけそうです。妹には、ちょっと申し訳ないですけど。

素人手記
淫乱開花した素人女性の性癖願望
～真面目な顔して、はしたない痴態を晒しちゃった！

２０２２年４月１８日　初版第一刷発行

発行人　後藤明信
発行所　株式会社　竹書房
〒102-0075　東京都千代田区三番町８－１
三番町東急ビル６F
email：info@takeshobo.co.jp
ホームページ：http://www.takeshobo.co.jp
印刷所　中央精版印刷株式会社
デザイン　株式会社　明昌堂
本文組版　ＩＤＲ